# 「完璧」はなぜ「完ぺき」と書くのか

## これでいいのか？交ぜ書き語

田部井文雄
*Tabei Fumio*

大修館書店

# 序

「交ぜ書き語」と呼ばれる妖怪《ようかい》が、いまだに教育界・出版界・マスコミの世界などを、さまよい続けています。

- 完ぺきな投球
- 謙そんな態度
- 体外に排せつする
- 生涯の伴りょ
- よう怪変化

といったように、漢字の熟語の中の一字だけが仮名書きにされるという表記です。「完**璧**」「謙**遜**」「排**泄**」「伴**侶**」「**妖**怪」のゴシックにした漢字だけが、どうして「ぺき」「そん」「せつ」「りょ」「よう」などとわざわざ平仮名で書かれることになったのでしょうか。

いや、それどころか「洗**濯**機」「元**旦**」「親**戚**」のような極めて普通の日常語までが、「洗たく機」「元たん」「親せき」などと書かれているのを目にすることはありませんか。これは、ここ百年以上にわたる国語政策、特に漢字・漢語の使用をできるだけ抑制しようという国の方針に基づいて起こったことは明白です。文明開化の明治時代以来、日本語をより能率的で平易なものにしようとしたという方向にまちがいはなかったとしても、それが行き過ぎた結果として生まれた奇形であることは確かです。

　その字面の異様さに耐え難さを覚えた筆者が、その「交ぜ書き」された漢語のメモを取り始めたのは、ほぼ十年前のことだったでしょうか。机辺や枕辺などに置いたメモ用紙には、たちまち何百という語数が記されました。その「交ぜ書き語」は、漢字制限という国是に対して、やむにやまれぬ世人の苦肉の策だったと申せましょう。この珍妙な形を取ってまで残された熟語の中の漢字は、裏を返して言えば、それだけ現代の日本人にとって、使わずにはおられない文字であったからです。

「し烈な戦い」といい、「戦りつすべき事態」と書いたのでは、「熾烈」「戦慄」の語感は伝わってはこないはずです。「熾」も「慄」もけっして平易な漢字ではありませんが、それでも日本人は、今もなおその文字の持つ語感を大切にし、その二字に熟した字面の厳粛さを尊重しているのです。

　すでにそのことに気づいて、必要な漢語は、制限されているはずの漢字を含むものでも、さまざまな工夫のもとに用い始めている識者は、この数年来漸く多くなりつつあります。まだ一部の新聞・雑誌に過ぎませんが、「交ぜ書き語」解消の方向性は確かに看守することができます。本書がその風潮にいささかなりとも棹《さお》さすことを得て、国語の中から、このグロテスク極まる表記を消滅させることができたらと思うのです。

その解消の方途について、ここには具体的な提言も試みたつもりです。すなわち第Ⅰ編においては、「交ぜ書き語」なるものの実態や問題点などについて通観して、その不都合な点を追求し、あらまほしき方向を模索しようとしました。第Ⅱ編では、「交ぜ書き語」の実際・実情について紹介・検討しました。第Ⅲ編は、「交ぜ書き語小辞典」と名付けた資料編ですが、更にそれに加えて、「交ぜ書き語」ならぬ、熟語それ自体をすべて仮名書きしたものを集めて「仮名書き熟語抄録」として、ここに百語ほどを選び出しました。当然のこととして、難読・難解な漢語が多いのですが、それでもなお、日本語の中に生き残るべき逞しい生命力を保ち続ける重要な漢語ばかりであると申せましょう。

ともあれ、日本語の危機が叫ばれる中で、とりわけ、漢字・漢語の将来が危惧《きぐ》される現在、このような具体的な状況の一つ一つを捉《とら》えて、その方向を見定めていく営みは、今後とも続けられてしかるべきではないでしょうか。

目　次

# I

# 交ぜ書き語とは何か

# 一　「交ぜ書き語」の由来

## 「交ぜ書き語」とは

漢字二字以上が連接してできた、普通「熟語」と称される漢語のその一部を、仮名書きにしたものを、「交ぜ書き語」と称します。元来、「玩具」「処方箋」「虚心坦懐」などと、すべて漢字で書かれていたものを、「がん具」「処方せん」「虚心たん懐」などと書き改めた表記法です。

近年、しばしば新聞紙上に躍った例を挙げれば、

・銀行の破たん
・ら致事件には、き然たる態度で
・工事の進ちょく状況

といった類です。いうまでもなく、それらは、「破綻」「拉致」「毅然」「進捗」と書かれていた熟語の一字を、平仮名に書き換えたものです。

しかし、その表記が示す字面の感触は、いかにも異様なグロテスクなものです。多くの現代の日本人は、その字面において、感覚的にも言い知れぬ違和感や嫌悪感を持たずにはいられないのではないでしょうか。

## 「交ぜ書き」の生みの親は

この「交ぜ書き」という珍現象を発生せしめた元凶は、昭和二十一（一九四六）年、敗戦直後、内閣訓令・告示として公布された「当用漢字表」です。日本語の平易化のためと称し、当時の内閣が新たに定めた一八五〇字の当用漢字なるもの以外は使用すべきではない、と告示したために、日本の教育界・出版界を始め一般の人々まで、これに従わざるを得ませんでした。

例に挙げた「玩」「箋」「坦」「綻」「拉」「毅」「捗」などの漢字は、すべて「当用漢字表」に収められない漢字です。しかも、これらは難しい漢字はやさしい「別のことばにかえる」という文部省の指示に従うことのできない文字として、あえて仮名書きにしてまでも日本人が使用したい漢語だったと言えましょう。換言すれば「交ぜ書き語」とは、現代の日本人にとって、どうしても使い続けたい言葉だったということができます。

・けい古不足

・神社に参けいする

・水泳中にでき死する
・めい福を祈る
・途中で落ごした

などといった極めて日常的な用語の一部が、どうして右のように仮名書きされねばならなかったのでしょうか。稽古・参詣・溺死・冥福・落伍などの熟語の中の一字を仮名書きにするだけで、どれだけ日本語の表記が平易化されたというのでしょうか。

## 言い換えのできない漢語

確かに徒らに難解・煩雑な漢字・漢語の乱用には問題があり、時に一定の規制や自粛が必要なこともありましょう。しかしこの「当用漢字表」の犯した最大の罪過は、日常一般に使用する漢字の字種・字数を、一八五〇字以内に限定したことにあります。以来、「当用漢字表」以外の漢字は、すべて「表外漢字」「制限漢字」と称せられて、使用禁止となりました。小・中・高校の諸学校の教科書を始め、官公庁の公文書、民間の新聞・雑誌などの刊行物に至るまで、その制約に従わざるを得ませんでした。

そのために、本来各人の自由なるべき日本語の表現・表記は、その中枢を担うべき漢字の使用において、極度に制約を受けることとなったのです。確かに「当用漢字表」にない漢字・漢語については、それと同じか、できるだけ近い意味の語に言い換え・書き換えるよう指示されてもいます。しかし、古い来歴を持ち、それぞれ独自のニュアンスをたたえる漢語において、同義・類義の語が容易に見つけ出せるものではありません。

・交渉の秘けつ
・賄ろを贈る
・黙とうを捧げる

などを、仮に「秘訣」を「奥の手」、「賄賂」を「まいない」と言い換えたとしても、果たしてその意味は正確に伝えられるでしょうか。「黙禱」に至っては、言い換えるべき適切な言葉はついに浮かんではきませんでした。

「交ぜ書き語」は、「当用漢字表」による「書き換え要求」への抵抗の一手段として発生し、まことにグロテスクな形ながら、漢字・漢語の生命力を保つ役割を担ってきたとも言えるでしょう。

## 「制限」から「目安《めやす》」へ

その締め付けが緩められるまでには、実に三十数年の歳月を要しました。「当用漢字表」（一九四六年）が改訂されて「常用漢字表」として公示されたのは、昭和五十六（一九八一）年のことでした。その字数は、一八五〇字から一九四五字というわずか九十五字の追加に過ぎませんでしたが、その根本精神が、漢字使用の「制限」から「使用の目安」を示すにとどまるという大転換だったのです。国家が漢字の使用に一定の枠を設けて、それ以外は使用を禁止するというのではなく、漢字の使用枠を例示して、この程度までとし、その目安を示すにとどまるということでした。

それは、まちがいなく国策の大転換でありました。皮肉な言い方をすれば、「交ぜ書き語」という奇形の語まで生んで、表現の自由の回復を迫った庶民の、輝ける成果だったということもできるでしょう。

## 自主規制の自縛《じばく》

このようにして、今から二十数年前に、漢字の使用制限は緩和されて、その使用は各人各機関の自由裁量に任されたはずでした。ところが、今もなお、新聞や雑誌に、そして官公庁の公文書などに「がん具」「処方せん」などの「交ぜ書き語」を見るのは、何故なのでしょうか。折角、「当用」から「常用」へ、「制限」から「目安」への国策の転換があったというのに、表現の現場では、それへの対応ができずに、「交ぜ書き」の呪縛《じゅばく》から、いまだに脱し得ていないのです。

確かに近年、新聞協会などが中心になって、「常用漢字表」にない漢字でも、必要とするものを選定しようとしたり、読み仮名付きでも用いたい熟語を提案しようとしたりする動きがありました。前者の例としては、「牙《が》・玩《がん》・瓦《が》・拳《けん》・詣《けい》・虹《こう》・斑《はん》・妖《よう》」などが挙げられており、後者としては、「旺盛《おうせい》・迂回《うかい》・凱旋《がいせん》・葛藤《かっとう》・杞憂《きゆう》・真摯《しんし》」などが挙がっていると聞きます。いずれの漢字・漢語を見ても、こんなものまでが今まで制限され、「交ぜ書き」の憂き目を見ていたのかとの思いが致します。

この方向に沿って良識ある新聞・雑誌などでは、漢字使用の自由化は近年とみに進んでいるかに見えます。しかし、現状ではまだまだ自己規制・自縄自縛の意識からは脱し得ていないのです。

## 「交ぜ書き語」以前

「交ぜ書き語」誕生の原因は、「当用漢字表」にありと、すでに突きとめ得たはずですが、そのことにのみ、その責めを帰してしまうのは早計に過ぎるでしょう。幕末以後、明治・大正・昭和の百数十年間は、実に漢字・漢語は受難の歴史を刻んだ時期でした。圧倒的な欧米文化の流入期に、漢字の煩雑さを標的とした、当時の知識人やいわゆる先覚者と称された人々の漢字へのバッシングは、ほとんど絶えることなく続けられてきました。

慶応二（一八六六）年、近代郵便事業の創始者前島密《まえじまひそか》は、「漢字御廃止之儀」を徳川十五代将軍に奉って、西洋文明流入に刺激された漢字全廃・かな表記論を展開しました。また、明治六（一八七三）年、後に文相をも務めた森有礼《もりありのり》は、漢字を全廃するだけではなく、日本の国語を英語にしてしまえと主張しました。さらに物理学者田中館愛橘《たなかだてあいきつ》の如きは、「ローマ字国字論」を多年にわたって国会に建議し続けています。

これらの主張は、さすがにそのままには当時の良識とはなり得ませんでしたが、その後、福沢諭吉・森鷗外などが中心になって提唱した「漢字節減論」は、漢字の使用を二千字から三千字程度にとどむべしという穏健なものでした。戦後の「当用」「常用」の両漢字表は、それらの議論の延長線上にまとめられたものです。

従って、戦後の六十年間にこの両漢字表が果たした役割については、それなりの評価が与えられてしかるべきでありましょう。しかし、文明開化期以来、百年以上にわたって論議され醸成されてきた漢字文化軽視の風潮は、今に引き継がれているということができます。その風潮の及ぶところ、敗戦直後に誕生し、今でも日本語の表記を呪縛し続けているのが「交ぜ書き語」という醜怪な表記なのです。その姿を「羽織袴《はおりはかま》にハイヒール」「チャイナドレスに丁髷《ちょんまげ》」という異様な風体にたとえたとしたら、言い過ぎになりましょうか。

## 二　「交ぜ書き」の問題点

### 漢字は表意文字である

漢字は、その一字一字が意味を持つ、いわゆる表意文字です。現在、世界で用いられている多くの言語では、単に音のみを表す表音文字が用いられているのに対して、際立った特質です。

先に挙げた「交ぜ書き語」を例としましょう。


「がん具」の「玩」は、「もてあそぶ」。

「処方せん」の「箋」は、「ふだ」。

「虚心たん懐」の「坦」は、「たいらか」。

「破たん」の「綻」は、「ほころびる」。

「ら致」の「拉」は、「引っぱる」。

「き然」の「毅」は、「強く、たけだけしい」。

「進ちょく」の「捗」は、「はかどる」。

といった意味を表しています。


「交ぜ書き語」は、その漢字の熟語の一部を、音だけを表す仮名に書き換えてしまったのです。意味が不明瞭になるのは当然です。そういえば、ここで使った「不明瞭」の「瞭」もまた、「りょう」と交ぜ書きせねばならない表外字でした。「瞭」は、漢和辞典によれば、「明」に似て「あきらか」の意とされています。その字形に「目」を含むところから、視覚に関連する文字であることは、すぐわかるでしょう。この「瞭」を、「りょう」と書いたのでは、その意味はかえってわかりにくいものになってしまいます。

## 漢字の熟語には構造がある

現在、日本で刊行されている国語辞典や漢和辞典において、その圧倒的な多くのページを占めているのが、漢字二字から成る熟語です。仮りに今、刊行されている新聞や雑誌、広告や六法全書に至るまで、その文章の中からそれらを除いてしまったら、その文章はいったい、どうなってしまうでしょうか。それほどに日本語として多用されている二字の熟語を、その構成・構造の面から分解して見れば、ほぼ次の五種に分類できます。

①主語—述語の形

・地震—地が（主）震える（述）。

・国立—国が（主）立てる（述）。

・日没—日が（主）没する（述）。

②述語—補語の形（補語とは、主語・述語などを補う語の意味）

・握手—手を（補）握る（述）。

・昇天—天に（補）昇る（述）。

・読書—書を（補）読む（述）。

③修飾語—被修飾語の形

・水害—水の（修飾）害（被修飾）。

・美人—美しい（修飾）人（被修飾）。

・親友—親しい（修飾）友（被修飾）。

④並列

A　同義語・類義語を重ねたもの

・永久—永く・久しい

・試験—試みる・験《ため》す

・草木—草《くさ》・木《き》

B　異義語・対義語を重ねたもの

・盛衰—盛んなこと・衰えること

・伸縮—伸びること・縮むこと

・得失—手に入れること・失うこと

**⑤その他**（接頭語・接尾語などを伴うもの）

・不正—正しくない（こと）

・無名—名前が知られていない（こと）

・雑然—入りまじって整わないさま。

・突如—急に物事の起こるさま。

⑤の「その他」の中には、このほかにも同一漢字を重ねた「悠悠」「切切」「寂寂」といった熟語や、音読みに共通点を持つ漢字を連ねて状態を形容する語となったものなどもありますが、ここには一括して「その他」と分類することにしました。いささか乱暴な分類ながら、便宜的に以上のように、五つに分けて説明すれば、二字熟語のすべては、そのいずれかに属せし

めることができます。

## 「交ぜ書き語」は、意味不明の言語

二字熟語という漢語が、すべて右のような表意文字の連接という構造を持つとするならば、その一方の漢字を、単に音のみを表示する表音文字としての仮名に改めてしまうとしたら、それは漢字の表意性という本質を無視した暴挙としか言いようがありません。

すでに挙げた「玩具」「破綻」「進捗」などを、もう一度例としましょう。「玩具」は、「もてあそぶ（修飾）道具（被修飾）」という構造の語で、「（子供の）おもちゃ」の意味で使われます。それを「がん具」と「交ぜ書き語」としたのでは、その意味は容易に推測することはできません。漢字には「がん」なら「がん」と読む文字がたくさんあるからです。漢和辞典の音訓索引を見れば、「がん」と読む漢字は、「丸・元・含・岸・岩・眼・雁・頑・癌・顔・贋・願・巌……」と、それこそ目白押しに並んでいるでしょう。

「破綻」「進捗」は、ともに、「やぶれる・ほころびる」「すすむ・はかどる」という類義の漢字を重ねるという構造を持っています。それを「破たん」「進ちょく」としたのでは、読むには易しくなったかも知れませんが、意味はかえってわかりにくくなってしまいます。「たん」の同音異字には、「丹・旦・坦・単・胆・炭・探・淡・短・嘆・端……」などなどがあり、「ちょく」には「直・勅・陟……」などがあるからです。

そのように、人を同音異字群の迷路に陥れるよりは、始めから、「常用漢字表」になくとも、「玩・綻・捗」と書いた上で、その読者に応じて、難し過ぎると感じたら、時にルビ付きにするといった配慮をこそ望みたいものです。

また、何もこのような漢字をすべて身につけて、常用しなければならないと言いたいのではありません。「交ぜ書き」にすることによって、漢字漢語は決して平易なものとはならず、実はそれらの重要な言葉の意味をすっかり曖昧《あいまい》にしたり、不鮮明にしたりして、かえって難解なものにしてしまう結果を招いているのです。そのことによって、漢字の持つ表意性が無視され、漢字漢語が持つ構造のメカニズムが破壊されてしまうことになるのです。

## 三　「常用漢字」と「表外漢字」

### どれが表外漢字なのか

「交ぜ書き」という表記法を、正確に励行するためには、かつては「当用漢字表」の一八五〇字、現在は「常用漢字表」の一九四五字を、約五万字に及ぶとされる漢字の中から識別できなくてはなりません。

しかし、約五万字の漢字の中から、二千字弱の「常用漢字」を、いつでもどこでも厳密に選別することは、その道の専門家をもってしても決して容易なことではありません。いささか私事にわたりますが、筆者も永年にわたって、高校生用の教科書や漢和辞典などの編集会議の一員でした。その際の必備品として、常に「常用漢字表」の携行が求められたことを思い出します。特に教科書では、表外漢字を使用する際にはルビを付することが義務づけられています。その表なしには、漢字漢語の記述に当たって、ルビが必要か否か、「交ぜ書き」すべきか否かは、いつになっても自信を持って対処することができなかったのです。

申すまでもなく、国語の専門家のはしくれならば、二千字の漢字くらい諳《そら》んじるべきであったでしょう。ちょっと努力すればそれも不可能なことではなかったはずなのですが、実情はその専門家集団にしてこのていたらくだったのです。世の一般の人々にして、このことに自信ありとされる方々が、今、何パーセントあるでしょうか。国語は母国語ともいわれますが、世の親たちは、わが子の漢字教育については、単なる漢字書き取りテストの指導だけでも現に自信喪失の状態にあると聞いています。

## 表外漢字の識別

さて、そこで「常用漢字」とされる文字と、されない文字（表外漢字）とを、どの程度識別できるか、自らをテストしてみることにしませんか。

ここには、とりあえず、まず、すでに「交ぜ書き語」とされてしまう熟語の一例として挙げた、「毅然」の語と同類の二十語を、思いつくままに並べてみました。「然」の一字を伴って、物事の性質や状態を表す形容語が、「交ぜ書き語」として、しきりに目に触れたからです。

隠然・俄然・愕然・敢然・凝然・欣然・偶然・厳然・傲然・渾然・燦然・粛然・悄然・騒

然・端然・漠然・茫然・悠然・慄然・凜然

さて、以上の二十語のうち、どの語に読みや意味・用法について、不明なものがあるでしょうか。しかしここでは、まず何よりもこの中から「常用漢字表」にない漢字を摘出してみてください。その答えは、

俄《が》・愕《がく》・欣《きん》・傲《ごう》・渾《こん》・燦《さん》・悄《しょう》・茫《ぼう》・慄《りっ》・凜《りん》

の十字です。従って、それ以外の

隠《いん》・敢《かん》・凝《ぎょう》・偶《ぐう》・厳《げん》・粛《しゅく》・騒《そう》・端《たん》・漠《ばく》・悠《ゆう》

の十字が交ぜ書き無用の常用漢字ということになります。ちょうど半分ずつになるように選んでみましたが、果たして、どの程度の正答が得られたでしょうか。

## 漢字・漢語は難しすぎるか

次に、右に挙げた表外漢字と常用漢字のそれぞれ十字ずつを比較してみて、どちらがより難しい漢字だったか考えてみてください。そして、それらが「然」を伴う状態語を形成したとき、「隠然・敢然・凝然・粛然」と比較して、「俄然・愕然・茫然・慄然」と、どちらが難解な語となっているのでしょうか。

確かに「愕」の一字は普通見慣れない漢字かも知れません。しかし「ガクゼンとした」という日本語を理解できないという日本人は少ないでしょう。「愕然」は、それほど身近なことばです。そして、「がく然」ではなく「愕然」と書かれていれば、非常に驚くさまをいう語としての認識を持てる人の方が、現在の日本人には多いのではないでしょうか。同様に考えると、常用漢字でありながら、「凝然」「粛然」の方が難しく、表外漢字を用いた「俄然」「茫然」の方がやさしいのではないでしょうか。

少なくともこの両者の間に甚だしい難易の差は認め難いように思われます。使用の頻度・重要度においても、大きな隔たりがあるとは認められません。このことをめぐって考察すべく、ここには「毅然」「粛然」「茫然」などと同類の状態語・形容語を、もう少し集めてみます。

暗然・依然・果然・決然・公然・索然・自然・釈然・純然・整然・卒然・泰然・陶然・突然・判然・憤然・平然・漫然・冷然・歴然

以上二十語、「然」に冠した漢字二十字は、すべて常用漢字です。これならばどなたにとっても、意味も読みも用法も、ほとんど解説の必要はないものばかりでしょう。それならば、次に、常用漢字ならざる二十字を冠した二十語を挙げてみます。

唖然《あぜん》・怡然《いぜん》・婉然《えんぜん》・艶然《えんぜん》・鬱然《うつぜん》・喟然《きぜん》・翕然《きゅうぜん》・昂然《こうぜん》・忽然《こつぜん》・凄然《せいぜん》・蒼然《そうぜん》・恬然《てんぜん》・沛然《はいぜん》・飄然《ひょうぜん》・憫然《びんぜん》・憮然《ぶぜん》・蔑然《べつぜん》・呆然《ぼうぜん》・勃然《ぼつぜん》・窅然《ようぜん》

さすがに先に掲げた二十語に比べては、その読みもさだかにはしがたい漢字の羅列ではないでしょうか。中でも「怡然」「喟然」「翕然」「窅然」などは、現代語としてはほとんど使用されていない漢語です。そして、「怡然」は『列子』『文選』、「喟然」は『論語』『荘子』、「翕然」は『列子』『文選』などといった、れっきとした中国古典の中にしばしば用いられている要語なのです。「窅然」はまた、「はるかに遠いさま」を表し、彼の詩人李白が「桃花流水窅然として去る」（山中問答の詩）と詠じた詩語として、専門家の間では有名な言葉です。

しかし、だからといって、これらを、そのまま現代文に用いたとしたら、徒らに専門的用語をひけらかす衒学《げんがく》趣味として排撃されかねません。それでもなお「恬然として恥じる風もない」「沛然たる豪雨」「忽然として消滅」といった用法で今もなお生き残っているものも多いのです。これらの由緒正しく格調の高い言葉を、後世に伝えることなく、ここで、見捨ててしまってよいものでしょうか。

確かに右に挙げた「鬱然」の「鬱」のように、いかにも「憂鬱」な表情をした、字画の多い漢字もあります。それが、しかも、「鬱病」「鬱積」「鬱屈」「鬱血」「鬱結」「鬱憤」「沈鬱」「鬱蒼」「陰鬱」などと頻用されている現実に直面すれば、それこそ「鬱々」たる気分に陥って、「うつ病」「憂うつ」と「交ぜ書き」したくなる心情も首肯できます。でも反対に、この「鬱陶」しい字面こそが、その意味や感触を得させるものとして歓迎する向きもあるのにちがいありません。

そのような煩雑さに抗して、今もなお「鬱然たる大家」「渾然一体となる」「憮然たる面持ち」「凛然たる風姿」といった成句は、現代の日本人たちによって捨て難いものとして支持されているのです。

漢字は、このように、その字画の多少によってその難易が生ずるのでもなければ、用例の多寡によって常用語か否かが分けられるものでもありません。

## 多義性を持つ漢字こそ難しい

試みに、本章の冒頭に例示した「拉致」の場合を考えてみましょう。「拉」は、日本では他に「拉麺《ラーメン》（引っ張って作る麺）」以外には、あまりお目にかかれない表外漢字です。ところが現代中国では、たとえば街を走るバスのドアなどに、日本で使う「引」の意味で、この「拉」が常用されているのです（「押」の代わりは「推」ですが）。「拉」はそれくらいやさしい日常語なのです。

それに比べて「拉致」の「致」とは、日本ではやさしい漢字とされる「常用漢字」ですが、なんとその用法は多彩で、時に難解ですらあります。「一致・合致（ぴったり同じになる）」「招致・誘致（まねき寄せる）」「雅致・風致（風流なおもむき）」「致命傷（命にかかわる重傷）」「致仕（官職を辞する）」などといった用例があります。それは、漢字は表意文字であると同時に、その一字一字が多くの意味を持つ多義性ということを、その特質としているからです。「拉致」の「拉」は「引く」以外にはあまり使われませんが、「致」は右のように多彩な意味を持ち、従って多様な熟語を生み出す、いわば「拉」よりも難しい漢字ということになります。

試みに『大漢和辞典』全十五巻の開巻第一ページの「一」の字について調べてみてください。「一」の字義と、その熟語とについて実にあの大冊の七十ページにわたって書かれています。それに対して、上述した「鬱」の一字に関しては、すべて四ページを費やしているに過ぎません。約五万字の採録漢字の中で、最も多くの解説のページを要したのは、「鬱」のような字画の多い難しそうな漢字ではなくて、最も画数の少なくて、単純明快な意味を持つかに見える、「一」のような文字だったということに、ここでは注目しておきましょう。

そして、ここには「毅然」の類の状態語・形容語について、常用漢字三十字と、表外漢字三十字とを、それぞれ用いた合計六十語を意図的に集めてみましたが、「―然」の形をとる語は、このほかにもまだまだ多く、あらためて漢字の造語力の逞しさが思われました。それだけに、これほど豊かに、これほど多彩に造成してきた漢字漢語を、人為的に常用と非常用との語として分別してしまってよいものでしょうか。その上に、このように多彩に組み合わされた漢字の熟語を「交ぜ書き」にして、結局、その意味を不明にしてしまうこの表記は、われわれの到底容認できるものではありません。

## 四　人名用漢字と名字《みょうじ》・地名

### 「人名用漢字別表」

　ここですこし話は変わりますが、人名用漢字について触れておきます。「当用漢字表」公布から約五年後の昭和二十六（一九五一）年に制定されたのが、「人名用漢字別表」（九二字）です。それまで「戸籍法施行規則」なる法令によって、「当用漢字」の一八五〇字以外は、人名として、市・区役所、町村役場などに届け出ても、受理登録されなかったのです。

　たとえば、それまでは、日本人の名前として愛好され続けてきた「彦」「吾」「哉」「之」「也」や、「弘」「昌」「朋」「桂」「藤」などといった漢字が、「当用漢字表」の中にないという理由で、一切使用禁止だったのです。「正彦」「真吾」「直哉」も、「弘子」「昌江」「朋美」もすべて戸籍係によって却下され、どれだけ多くの新生児の父母や家族が、なすすべもなくすごすごと引き下がったことでしょうか。

それが「当用漢字表」公布の五年後にして初めて、わずかに九二字ですが、人名としての使用が許可されたのです。その後も、人名用漢字への国民の熱望は根強く、数次にわたって補正追加が行われて、九二字が二八五字となり、ついには、平成十六（二〇〇四）年九月には、一挙に四八八字が加えられたのでした。ここに人名用漢字の総計は九八三字を数え、現在の日本人が人名として使用できる漢字数は、「常用漢字表」の一九四五字と合わせて二九二八字ということになりました。まさにこれは、市井の人の子の親たちが、声を挙げ続けて得た勝利ということができるでしょう。

### 追加された人名用漢字

平成に入ってから特に追加された人名用漢字の中に、「琉」と「曽」とがあります。沖縄県民の愛してやまぬ「琉球」の「琉」であり、信州の人ならずとも親しみ深い「木曽」の「曽」です。それなのに、つい最近まで、「琉」「琉一」「琉太」「琉子」といった命名が不許可であったのです。芭蕉の「奥の細道」の旅に随行した「曽良《そら》」も、現代人だとしたら、「そ良」と交ぜ書きされかねなかったのです。

しかも「曽」は、ようやく人名用漢字とはなりましたが、今も常用漢字ではありません。「曽孫」「曽遊」「未曽有」は、「そう孫」「そう遊」「未ぞ有」と仮名書きされるべき表外漢字です。この「曽」に「土」や「忄」「貝」などを偏として加えた「増」「憎」「贈」などは、その初めから立派な「当用・常用漢字」でした。ただし、日本食に欠かせない「味噌汁」の「噌」は、いまだに表外字ですから「味そ」と交ぜ書きされる運命にあります。今直ちにこれを「常用漢字表」に加えることはできないまでも、「曽」の一字は、どうしても「増」「憎」「贈」などの仲間入りして、常用漢字とすべきなのではないでしょうか。何よりも「未曽有」は、古来日本人が「未だ曽《かつ》て有らず」と訓読して、常用してきた三字から成る熟語なのですから。

　人名用漢字として追加されたこの種の漢字は、このように見てくると、当然「常用漢字表」にこそ加えるべき文字ばかりです。これらを追加することで、「交ぜ書き語」は確実に減るはずなのです。

## 追加されなかった人名用漢字

　上述のように「人名用漢字別表」には、最近の平成十六（二〇〇四）年に、大幅に四八八字が加えられました。法務省はその際に、初め五七八字を原案として公示し、その適否を世に問いました。ところが、そこに提示された法務省案の五七八字の中に、実は、「癌」「痔」「疹」「呆」「姦」「屍」「糞」などの文字が含まれていたのです。先年、わが子に「悪魔」と名付けようとして、市役所に拒まれたという新聞記事がありました。しかし、いったいどこに、たとえばこれらの文字を用いてわが子に「癌夫」「痔人」「姦子」「糞女」などと名付けようとする、人の子の親があるでしょうか。五七八字の中からこの種の九〇字が除かれたことは申すまでもありませんが、これを人名用漢字候補とした法務省の良識を疑う声が、日本国中から一斉にあがったことは、当然のことでした。

しかし、ここで声を大にして主張したいのは、もし、「**胃癌**」「**痔疾**」「**発疹**」「**呆然**」「**姦通**」「**死屍**」「**糞尿**」などのゴシックにした語が、現代の日本人にとってどうしても必要なものであるならば、人名用ではなくて、これこそ「常用漢字表」の中に組み入れるべきだ、ということです。それが「胃がん」「発しん」「ぼう然」「ふん尿」などの「交ぜ書き語」を絶滅させる唯一の方法なのです。

## 名字と地名

わが子に自由に名前がつけられないということは、まだまだ当分は続きそうな、二十一世紀の日本の珍事です。ただしその制約は、人の「姓名」の「名」の部分においてのみ厳しくて、「姓」の部分には及んでおりません。「当用漢字表」制定当初から、既存の固有名詞（特に地名や姓氏）に用いられる漢字は、その規制の対象外とするとされてきたからです。そのために、われわれの周囲にある人々の姓（名字）として、「鵜」「藤」「菅」「鮫」「萩」「斐」といった表外字が堂々と今も通用しているのです。

　もしもこの名字用の漢字を常用漢字以内と限定したら、いわゆるかつて被圧迫民族に対して強制されたという「創氏改名」の「創氏（姓を変えさせる）」の暴挙ということになりかねません。いかなる国家権力といえども、先祖伝来の名字を改めよ、または「交ぜ書き」にせよ、とは強要できないことです。それに比べて、「氏名」の「名」に関しては、これだけ強権をもって漢字の制限が続けられ、戦後の六十年、唯々諾々として日本国民はそれを受け入れてきました。

　また、さらに言えば、名字と同じく固有名詞であるからという理由で、国が介入しなかった表記に、日本各地の地名があります。それとても、市町村合併などによって、由緒ある地名が味気ない仮名書きや、珍妙な合成語にされたりはしているのですが、「交ぜ書き」禍は、まだあまりここには及んでいないようです。


茨城・栃木・埼玉・神奈川（奈良）・山梨・岐阜・大阪・岡山・愛媛・熊本・鹿児島

　以上は、全国四十七都道府県名のうちの十二府県名です。ゴシック体にした「茨」「栃」「埼」「奈」「梨」「阜」「阪」「岡」「媛」「熊」「鹿」の十一字は、すべて表外漢字、しかもそのうち傍線を施した「茨」「栃」「埼」「阜」「阪」の五字は、二〇〇四年秋までは人名用漢字にすら入っていなかったのです（現在では、十一字すべてが人名用漢字になりました）。それならば当然のこととして、これらの府県名は、この五十余年間はすべて「いばら城」「とち木」「な良」「山なし」といった「交ぜ書き」が正当の表記でなければならなかったはずです。

それをわずかに救ったのが、この地名と名字のような固有名詞に関しては、そのままの漢字使用を認めるという国の方針でした。そのような特例を設けるのならば、地名や名字だけではなく、人名にも適用すること、換言すれば、「人名用漢字別表」の存在自体を今は問うべき時期に来ているのではないでしょうか。

# 五　後代に伝えたい言葉

## 言葉の重要度は、使用頻度だけでは計れない

　現在、中学校などで用いられている家庭科の教科書に、きまって現れる言葉に「家庭の団らん」という表現があります。「団らん」は家庭科の教育用語として不可欠のもののようです。だから「交ぜ書き」までされて、「団欒」が「団らん」と記されているのです。「団」も「欒」もともに、「円居《まどい》」「団居《まどい》」すなわち、「車座になって座る」という意味です。「親しい人たち（特に家族）が集まって、和やかに語らい過ごす好ましい状況」を意味するこの言葉は、とかく家庭・家族の崩壊などの風潮が云々される昨今、特にその大切さが再認識されるようになったもののようです。いわばこの言葉には、これまでに継承されてきた日本のよき伝統文化の一面が、凝縮されているといった思い入れがあるのでしょう。

　それにしても、この「欒」の一字は、なんと見慣れない難しい漢字でしょうか。現代語とし

て通用しているのは、この「団欒」という二字に熟した場合に限られていると言ってよいでしょう。しかしたとえ、そうではあっても、この漢字は、家庭科の教科書に是非とも必要とされているのです。だから「団らん」などと「交ぜ書き」されてまで生きのびているのです。

それほど大切な日本文化の一翼を担う言語でしたら、「交ぜ書き」などされず、「欒」は「欒」のままに堂々と「団欒」として、そのまま今の世に使われてしかるべきでしょう。言葉や文字の重要度は、使用の頻度数だけでは計れないものがあります。

## 言い換え・書き換えを拒否される言葉

新聞などによく現れるこの種の漢字熟語に、「改竄《かいざん》」「捏造《ねつぞう》」「晩餐《ばんさん》」「容喙《ようかい》」などがあります。ゴシックにした漢字は表外漢字ですから、「団らん」と同じく、当然の如く仮名書きされます。「竄」は「隠す」、「捏」は「こねあわせる」、「餐」は「御馳走《ごちそう》」、「喙」は「くちばし」といった意味合いの表意文字です。これらは「欒」と同じく、当世には、これ以外の意味合いの用法を、他にあまり示さない漢字です。

しかしそれをそのままには、平易な同義語に置き換え・書き換えるすべのない漢語であることも確かなことです。

ここにはもう一つ、「団欒」と同じく、言い換えることの難しい格調の高い言葉として、「静《せい》謐《ひつ》」という漢語を取り上げてみましょう。「謐」は、「静」とほぼ同義の漢字ですから、二字熟して「静かで落ちついている」ことを意味しています。それならば、これはそんな難しい文字を用いずとも、「静寂」「閑静」などの類義の語で、いくらでも代用できるはずです。しかし、この語を敢えて用いたがるほどの人には、他のどんな言葉にも代えがたい、深い思い入れがあって、言い換えを拒否されているのです。

「交ぜ書き」や「言い換え」ではなく、漢字表現の平易化のために、当用漢字公布後には、「刺戟」を「刺激」、「蒐集」を「収集」、「抛物線」を「放物線」、「下剋上」を「下克上」とするような漢字の「書き換え」が行われました。「叡智」も、その時「英知」と「書き換え」られていたはずです。しかし、平成十七年（二〇〇五）年九月現在、名古屋で行われている万国博覧会のテーマは、「自然の叡智」であって「英知」ではありませんでした。「叡智」は、「英知」ではいけなかったのです。現代の日本では、「比叡山」の「叡」としかほとんど使われていないこの漢字の感触を、万博の当事者たちは、捨てきれなかったのでしょう。

## 引き継がれるべき言葉

漢字にはこのように、日常・非日常、使用頻度や難易度にかかわりなく、字面から受ける感触やニュアンス、深い意味合いや高い境地のようなものが、長い歳月の間に賦与されて使われている場合があるのです。「団欒」も「静謐」も「叡智」も、その一例とすることができるでしょう。それを使用する人が、どんなに一部の人に限られていようとも、「団欒」の習俗、「静謐」の美学、「叡智」の哲学を賛仰する人々にとっては、かけがえのない言葉なのです。それを「交ぜ書き語」などという醜怪な表記に、安易に書き換えてしまうのは、文化の破壊であるといっても、大袈裟《おおげさ》すぎることはないでしょう。

　また、それほどに重い言葉ではないまでも、毎日の新聞や雑誌に現れる「払しょく」「かい離」「ぜい弱」などの「交ぜ書き語」に出会う度毎に、これに即座に反応して、「拭（ぬぐう）」「乖（そむく）」「脆（もろい）」という漢字の字形と、その意味とを的確に想定し得る人が、いったい、どれだけ現在の日本に存在するものでしょうか。そうであるならば、いっそ多少の難字であっても、そのままの漢字で表記したほうが、その意味やニュアンスを把握するのに手がかりが得られやすいはずです。

　このように表意文字二字の連接した漢字の熟語を、根底から破壊してしまう「交ぜ書き」を廃して、多少の難解さはあっても、「拭」「乖」「脆」も「竄」「捏」「餐」「喙」も、「団欒」の「欒」、「静謐」の「謐」、「叡智」の「叡」とともに、残すべき文字として、私たちは大切に引き継いでゆかねばならないのではないでしょうか。

　だからといって、たとえば「羊羹《ようかん》」「饅頭《まんじゅう》」「宝籤《たからくじ》」「俎板《まないた》」「石鹸《せっけん》」といった日常卑近の語のすべてにわたって、ゴシックにしたような表外の難字をそのままに残すべきだとのみは考えられません。これらを「交ぜ書き」にするくらいならば、いっそ「ようかん」「まんじゅう」「せっけん」といった仮名書きにすべきでしょう。これらの言葉は、漢字の語源・語義に遡って追究するには、あまりに卑近な日用品の名称に過ぎないのですから。字形にしても、簡易な略字は大いに利用すべきで、「壱万円」紙幣を、「壹萬圓」に戻す必要はないのです。

## 二字とも仮名書きされる熟語

以上、漢字と仮名とをまぜこぜにした熟語について述べてきましたが、最後に、その「交ぜ書き」ではなく、そのすべてを仮名書きに改めて用いられている漢語について触れておきましょう。

挨拶《あいさつ》・齷齪《あくせく》・軋轢《あつれき》・邂逅《かいこう》・矍鑠《かくしゃく》・絢爛《けんらん》・颯爽《さっそう》・忸怩《じくじ》・蹂躙《じゅうりん》・齟齬《そご》・跋扈《ばっこ》・顰蹙《ひんしゅく》・揶揄《やゆ》

これらはみな、「常用漢字表」に収められなかった表外漢字ばかりの組み合わせです。「挨拶」「颯爽」などは見かけることもあるでしょうが、そのほかはさすがに何れ劣らぬ世間離れした難字と申せましょう。これを「あくせく」「あつれき」「やゆ」というように仮名書きされた活字を目にして、どれくらいの人が、正確な漢字に改められるものでしょうか。

ただし、別にここで漢字書き取りのテストをする必要はないのです。書く必要のある人は辞典で確認すればよいのです。読む人にとっては、「じくじ」よりは「忸怩」、「ひんしゅく」よりは「顰蹙」のほうが、調べようと思えば、手軽な漢和辞典一冊でこと足りて便利なのではないかということです。その際には、やはり「内心忸怩《じくじ》たる思い」「世人の顰蹙《ひんしゅく》を買う」「跳《ちょう》梁跋扈《りょうばっこ》」「揶揄嘲笑《やゆちょうしょう》」とルビ付きにして表記しておくのに如《し》くはないでしょう。

「老いてなお矍鑠」「一期一会の邂逅」などと使われる「矍鑠」や「邂逅」の語には、先に「団欒」の一語に見た、伝承すべきよき伝統文化の香りや、民族の理想や哲学といった背景すら感じ取るべき何物かが潜んでいるかのようです。制限漢字であったために仮名書きを余儀なくされて生き残った語彙として、これらもまた確実に後代に引き継がれるべき資格があるのではないでしょうか。それらの一部を、本書では巻末に付載した所以《ゆえん》です。

## なお後世に残したい漢語

背景や内容に深い意味や理念を蔵し、民族の理想や文化の伝統を伝えるべき要語の例として、すでに「団欒」「静謐」「叡智」の三語を挙げました。

それらに反して「交ぜ書き語」の代表として例示した語のなんと暗いイメージの語ばかり多

かったことでしょうか。「改竄・乖離・脆弱・捏造・払拭……」であり、二字ともに仮名書きにされた「齷齪・軋轢・忸怩・蹂躙……」だったのですから。わずかに明るいプラスのイメージを漂わせるものとしては、「矍鑠・絢爛・颯爽」あたりがあっただけでしょうか。

言葉は人間世界の投影です。暗い世相を反映するが故に、暗い言葉が多いのは必然であるのかも知れません。それなればこそ、比較的数の少ない上述のプラスイメージの語は貴重です。

およそ二字の熟語の多くは、「教育・政治・経済・文化」などの如く、単にある概念を示すにとどまるのですが、三字・四字の熟語となると、ある価値観を示したり、何等かの理念のようなものを内包したりするものが多く見られます。たとえば「醍《だい》醐《ご》味《み》」「神《しん》韻《いん》縹《ひょう》渺《びょう》」といった言葉です。

「醍醐味」とは、「最高の美味」の意味で用いられます。「醍醐」とは、もと仏教語で「乳酪製品の最高級品」をいい、転じて仏教の最高の教えや悟りの境地を意味し、また、一般に「物事の本当のおもしろさ・味わい」をいう語ともなったとされる三字熟語です。

「神韻縹渺」は、「芸術作品などの極めて奥深い趣のあるさま」をいう四字熟語です。これらを「だいご味」「神韻ひょうびょう」と書いてしまって、果たしてその真意が読む人に伝わるものでしょうか。

## 「交ぜ書き」四字熟語はやめよう

三字熟語は、それ自体が比較的少ないので、この種の後世に伝えるべき言葉も多くはないのですが、四字熟語には、その背後に物語や故事、さらには哲学や文学的雰囲気を漂わせる名言の類が数多く発見できるのです。たとえば、「四面楚歌」には、単に「孤立無援」の状態を表す故事熟語という意味以上に、中国古代、漢楚の興亡時の歴史物語があります。英雄項羽の最後を彩る名場面が語り伝えられているからです。それに加えて、ここには「光風**霽**月《こうふうせいげつ》」「春風《しゅんぷう》**駘蕩**《たいとう》」の両語をもって、後世に残したい美しい言葉を代表させましょう。

前者は、「雨後に吹くさわやかな風と、雨上がりに夜空に輝く月」とをいう美しい言葉ですが、転じて、人柄のすがすがしさや、天下太平の世のたとえにも用いられています。後者は、いうまでもなく「春風がのどかに吹くようす」をいう語にはちがいないのですが、より多くは、「人の性格や態度がゆったりとして好ましいようす」を表すのに使われる言葉です。どちらもこのままの形で後世に残したい、人の心を豊かにしてくれる美しい言葉ではないでしょうか。それを「光風せい月」「春風たいとう」と書いてしまってよいものでしょうか。

単に人柄を賛美する言葉を拾っただけでも、四字熟語には「天真**爛**漫《てんしんらんまん》」「軽妙**洒**脱《けいみょうしゃだつ》」「才気《さいき》**煥**発《かんぱつ》」「豪放**磊**落《ごうほうらいらく》」といった評語があるのです。それもゴシックにした漢字は仮名書きされ勝ちなのです。

漢字の熟語は、二字であろうと三字・四字であろうと、それらにはそれぞれに成立の由来があり、その長い歴史とともに凝縮され洗練された叡智や美意識があると感じさせるものが内包されている場合が多いのです。後世に伝え続ける文化財としての価値を否定し得るものではありません。

# 六　「交ぜ書き語」を解消するには

## 「読み仮名」の活用

日本人の祖先たちは、外国産の表意文字を輸入して、その使用に熟達しました。その上に、カタカナ・ひらがなという表音文字を発明して漢字と併用し、独自の文章表現を獲得しました。ここに取り上げた「交ぜ書き」という手法は、その利便性の上に咲いた徒花《あだばな》とでも称すべきものだったのかもしれません。いずれにしてもその表記の醜怪さ、その意味の不明確さについては、すでにくり返し述べて参りました。

それならば、そのグロテスクな表記を改めるとして、どんな手立てが講じられるというのでしょうか。その答えは、まことに単純明快です。かつて、明治・大正期の新聞はすべての漢字に読み仮名をつけていました。少年向きの講談本「立川文庫」という当時のベストセラーも「総ルビ付き」でした。この知恵を今に借用すれば「交ぜ書き語」は立ちどころに解消いたします。

## 漢字・漢語に対する正当な評価・認識を

それがなかなか現実には実行に移されないのは、漢字にルビを付ける煩わしさ、特に印刷上の制約もあってのことと一応の理解はできます。しかし、そのために不明瞭となる熟語の語意や、字面の醜さなどを思えば、どうしても克服せねばならない現代人への課題であると考えられます。要するにそれは、現代の筆者・表現者の良識、文字言語に対する感性や見識にかかわる問題ということになります。自身の表現したいその表現内容は、この一語以外に拠ることはできないとする不退転の意志が働かない限り、たちまちに妥協されて、表外漢字を含む漢語は、他の言葉に置き換えられてしまうでしょう。

それを拒否してその語の使用に執着した結果、窮余の一策として誕生せしめられたのが、「交ぜ書き語」だったとしたら、その語は日本人にとって不可欠の重要な漢語であったということになります。換言すれば、「交ぜ書き」という醜状をさらしてでも残さるべき日本語としての漢語ということにもなります。

戦後六十年の間に制定公布された「当用漢字表」「常用漢字表」は、いずれも国語表現としての漢字の使用を、国家の名において規制したものです。そのことの当否はともかく、「交ぜ書き語」は、その規制をくぐり抜けるために生まれた「落とし子」であり、苦肉の策の所産です。それほどまでにして生き残ったこれらの漢語は、実はわれわれ日本人にとって最も必要度の高い言葉であり、仮名書きされた漢字は、その構成要素だったということになります。

「交ぜ書き語」で仮名書きされたこれらの漢字は、かくして「常用漢字（一九四五字）」に、「人名用漢字（九八三字）」とともに、是非とも加えるべきものとなったと申せましょう。それによって、「交ぜ書き」される漢字も、仮名ばかりで表記される二字熟語も激減することは、まちがいありません。

# II

# 交ぜ書き語の実際

ここには、実際に用いられている交ぜ書き語の中から、約五十語を選び出し、その語の意味や用法をめぐって考察し、使用の状況や実態に迫ってみたいと存じます。そして結局は、第Ⅰ編に述べたような交ぜ書き語に関する問題点を、より具体的に洗い出し、独断と偏見のそしりを恐れることなく、以下の諸点について指摘しようとするものです。

一、平易で利用度も高く、当然「常用漢字表」に加えるべき漢字。
二、言い換え・書き換えのできにくい、独特のニュアンスや雰囲気を持つ漢語。
三、故事や成立の由来といった豊かな背景を持つ熟語。
四、用例は少なくとも、独特の民族の文化や伝統などを伝えるのに必要な漢字・漢語。
五、多義性ということも含めて、仮名書きされることによって表意文字としての特性を失い、意味の判別が極端に困難となる漢語。

要するに以上の諸点を考察することによって、「交ぜ書き語」なるものが、単に字面の珍妙さばかりではなく、文化の破壊につながる有害無益な営みであることを確認しようとするものです。

**胃がん**〔胃癌（いがん）〕

胃に生じる悪性の腫瘍《しゅよう》。「癌」は、悪性で直すことの難しいできもの。また、除去しにくい邪魔物にたとえる。

他に「肺癌」「食道癌」「肝臓癌」「大腸癌」など、発生する部位・臓器に応じて名付けられるもので、死亡率の最も高い不治の病の一種。見るからにおどろおどろしい感じの文字であるだけに、この字形そのままで使われるべきであろう。

そして、これほどに常用される「疒（やまいだれ）」の漢字は少ないはずなのに、なぜか「常用漢字表」入りを拒否され続けてきた。それが平成十六（二〇〇四）年、追加すべき「人名用漢字」の候補として登場、しかし人名用としてであったために、世人の顰蹙《ひんしゅく》の的となって退けられた。「人名用」ではなく「常用」にこそ加えるべき漢字の一つであることはまちがいない。

**い敬**〔畏敬（いけい）〕

おそれうやまう。「畏」は、おそれる。ただし、ここでは恐怖するのではなく、心からうやまう意。「敬」と重ねて、深い敬意を表す。

「畏」は、「畏怖」「畏縮」「畏服」などと熟すれば恐怖の意味合いとなるが、「畏愛」「畏敬」

「畏友」と熟しては、恐怖の念よりは深い尊敬の意がこめられる。従って、「畏敬」は「尊敬」と言い換えることも可能であろうが、「畏」の一字に深い緊張感を漂わせようとする人々にとっては、いかにも換え難い文字ということになるのであろう。

いずれにしても、「畏」のような使用頻度の高い平易な文字が、未だに常用漢字に入っていない事実に驚く。

**がい骨**〔骸骨（がいこつ）〕

肉が落ちて、骨だけになった死体。しかばね。「骸」も、ほね。また、なきがら。死体。「遺骸」「死骸」「残骸」「形骸化」などと、現代に多用されている文字である。当然常用漢字とされてよい漢字。それを「遺がい」「死がい」などと表記される字面の珍妙さは、異様ですらある。

**かい書**〔楷書（かいしょ）〕

漢字の書体の一つで、一点一画もくずすことなく書く、最も標準的な書体。真書・正書ともいう。草書・行書・隷書《れいしょ》・篆書《てんしょ》などとともに、書体の一つ。

「楷」は、漆《うるし》科の落葉樹の名。中国山東省曲阜《きょくふ》の孔子廟にあり、日本では、東京都文京区の湯島聖堂にその大樹がある。その樹勢・樹枝の堂々として格調の正しいたたずまいから「正しい」という意味を表す。

書道家ならずとも、「かい書」と交ぜ書きされては、到底その大樹の風格を偲ぶよすがもなく、その由来をたどるすべもない嘆きを禁じ得ないであろう。

**か政**〔苛政（かせい）〕

無慈悲な、情け知らずの政治。重税などを課して、人民を苦しめる政治。悪政。「苛」は、「苛酷」「苛烈」などの熟語が示すように、「むごくきびしい」意。

孔子が泰山の麓で、重税に苦しむ民衆の声を聞いて「苛政は虎よりも猛《たけ》し（むごい政治の害は（人を食う）虎の害よりもひどい）」といったと伝えられる故事（出典は『礼記《らいき》』）に基づく。

同様の意味を持つ四字熟語として、「苛斂誅求《かれんちゅうきゅう》（きびしく租税などを取り立てること）」があるが、これを「交ぜ書き」すれば「かれんちゅう求」となってしまう。上の三字が表外漢字だからである。ここに至って「交ぜ書き」の醜怪さは、極まった感がある。

**喝さい**〔喝采（かっさい）〕

声を上げて、盛んにほめたたえること。また、そのにぎやかな声。

「喝」は、「叫ぶ」「声を張り上げる」意。「采」は、この場合は、「賽《さい》（さいころ）」であって、「喝采」とは、もと「賭博《とばく》のとき、掛け声をかけてさいころを振る」意。転じて、「声を上げてほめたたえる」意味となる。

「采」は、もと「手に取る」「はたきに似た形の掃除用具」の意。また、「すがた」「かたち」の意味でも用いられる。

采配《さいはい》　軍勢を指揮するための用具。

風采《ふうさい》　人の姿やようす。外見。人品。

などといった熟語となる。これを「さい配を振るう」「風さいが上がらない」と「交ぜ書き」にしたのでは、その原義は失われてしまう。

また「喝」は常用漢字で、「一喝」「大喝」「喝破」「恐喝」「恫喝《どうかつ》」などと多用されている。「采」は表外漢字であるため仮名書きされるのであるが、「彩」「菜」「採」は常用漢字、「喝」も含めて「采」と比較して、さてどちらが難しい漢字なのであろうか。いずれにしても「采」の仮名書きは、愚かしいしわざであろう。

**がん具**〔玩具（がんぐ）〕

子供の遊び道具。おもちゃ。

「玩」は、「もてあそぶ」「おもちゃにする」意。従って「玩具」とは「おもちゃとしてもてあそぶ道具」をいう。それが、「がん具店」「郷土がん具」などと書かれてしまっては、その意味はわかりにくくなってしまう。「歌はわが悲しきがん具である」（石川啄木）のように「交ぜ書き」されたら、啄木はなんと言って嘆くであろうか。

「玩」はまた、「もてあそぶ」から転じて「楽しみ味わう」意で用いられることも多い。

愛玩《あいがん》　大切にしたり、楽しんだりする。
賞玩《しょうがん》　美しさやよさを味わい楽しむ。
玩味《がんみ》　じっくりとよく味わう。

「玩」に限らず、漢字は表意文字であると同時に、一字で多くの意味を持つ多義性という特質がある。「交ぜ書き」は、それを無視した表記である。

### かん口令〔箝口令（かんこうれい）〕

あることがらについて、口を閉ざして、何も言ってはならないとする命令。緘口令とも書く。「箝」も「緘」も、口を閉じる意。

「緘」は「封緘」の熟語があるものの、両字とも、現代では使われることの少ない字である。しかし、「社内に箝口令を敷く」といったような慣用表現は、しばしば耳にするところであろう。とすれば、やはりこの語を消し去ってよしとはできない。

　このように三字の熟語にも「き帳面」「けい動脈」「信ぴょう性」「頭がい骨」などといった「几」「頸」「憑」「蓋」などの漢字を仮名書きにする例は多いが、さらに当然のこととして、「表ざた」「へん桃せん」のように「沙汰」「扁」「腺」という三字中二字を仮名にしなければならない場合も生じてくる。

　無様《ぶざま》な「交ぜ書き」の例とし得よう。

**元たん**〔元旦〕（がんたん）

　元日の朝。また元日。一月一日。

「旦」は、朝。象形文字の「日」に、地平線を現す「一」を加えて、日が地平線から上る早朝の意味を表す。

「旦夕」は、朝夕。「命《めい》旦夕に迫る」などと使われては、極めて短い時間を表す。また、「月旦」は、「月の初め。ついたち」の意から「人物評」の意味に用いられる。それは、中国の後漢の時代に許劭《きょしょう》という人物が、毎月一日に、郷里の人々を対象に行った人物評に基づくといわれる。

　このように盛んに日常的に用いられて画数も少ない「旦」の一字が、何故末だに表外字で

「元たん」「たん夕」「月たん」などと仮名書きされねばならないのであろうか。「元たん」では正月元旦の新鮮な気分を損ない、いかにも味気ないとの新聞への投書もあったと聞く。

**かん腸**〔浣腸（かんちょう）〕

腸内を洗いすすぐ。排便を促すためなどに、肛門《こうもん》から薬液を注入すること。

「浣」は「洗い流す」、「腸」は、はらわた。大腸と小腸。「腸」を「浣《あら》う」とは、主として便秘薬を注入すること。

尾籠《びろう》な話ながら、現代日本では、この「浣」の用例としては、ほとんどこの「浣腸」以外には見あたらない。中国においては、唐の詩人杜甫が、今の四川省成都市の近郊を流れる、浣花《かんか》渓《けい》という川のほとりに草堂を営み、浣花草堂と称したと伝えられる。「浣花」とは、「花びらを浣《あら》う」という意味。これはまた尾籠どころか、なんと美しい情景をいう語であろうか。

ここに用いた「尾籠」もまた「尾ろう」と交ぜ書きされねばならない運命にある語であるが、「尾」と「籠」とには表意文字としての意味はここでは失われた、「当て字（宛て字）」の類であるから、これはもはや「びろう」と二字ともに仮名書きにしてしまってよいものかも知れない。しかし「浣腸」は、二字ともに表意文字としての役割を、今も十分に担い続けて日本語の世界に定着し、しかも、他の語に言い換えることの困難な語である。

**完ぺき**〔完璧（かんぺき）〕

全く欠点がないこと。完全無欠。「璧」は、円形で平たく、中央に円い穴のあいた宝玉。転じて、宝玉のように美しいものや、完全なもののたとえ。「ともにきわめてすぐれていて優劣つけ難い二つのもの」の意味で「双璧《そうへき》」などという使い方がされる。

「完璧」は、「璧《たま》を完《まっと》うす」と訓読して、委託された宝玉の「璧」を無事に持ち主に返すこと。中国の戦国時代に、弱国の趙《ちょう》の藺相如《りんしょうじょ》が璧を持って強国の秦《しん》に使いし、秦に奪われることなくその璧を無事に持ち帰ったという故事に基づく。

従って、「完璧」は「璧《たま》」であって「璧《かべ》」ではない。それを野球選手の談話として、新聞などに「今日のバッティングは完ぺきだった」などと書かれてしまっては、それこそ「完璧」に、その意図は伝わらないであろう。「双璧」も「双へき」では、「双壁（二つの壁《かべ》）」と誤られる恐れがある。

**かん養**〔涵養（かんよう）〕

水がしみこむように、徐々に（知識や徳性などを）養い育てること。「涵」は、ひたす。うるおす。

団欒の「欒」、静謐の「謐」、叡智の「叡」（三七～三九ページ参照）などほどには深い奥行きを示さないが、「高い道義性を涵養する」といった使い方がなされ、他の語に言い換えては、その格調を伝えることは難しいと考えている日本人は、今もまだ存在し続けている。

**き憂**〔杞憂（きゆう）〕

無用の心配。とりこし苦労。

「杞」は、中国古代の国名。現在の河南省杞県に都した。その杞の国に、天が落ち、地がくずれることを心配して、寝食不能に陥った男がいたという故事（出典は『列子』）に基づく。

この「杞」という漢字は、「かわやなぎ」「くこ」などの植物名として、稀に用いられる以外、現代の日本語としてはほとんど現れない漢字だといってよい。しかし、「杞憂」ということばは現在でも常用されており、これからも使われ続けていくであろう。とすれば、この「杞憂」の熟語が存する限り、「杞」は不滅の漢字の一つに加わっているといってよい。それは、ちょうど「団欒」の「欒」が、この用法以外、日本語の中に登場することはないとしても、永遠の生命を賦与されているのと同様にである。

**き誉褒へん**〔毀誉褒貶（きよほうへん）〕

そしることと、ほめること。「毀」と「貶」とは、そしりおとしめること。「誉」と「褒」とは、ほめそやすこと。悪口と称賛。

ほめたり、けなしたりの世の中の評判を言う語として、「この人への毀誉褒貶は相半ばしている」といった形で人口に膾《かい》炙《しゃ》した語。その四字中の二字を仮名書きにするぶざまさは、字面の印象としても、まさしくグロテスクなものが感じられよう。

同様に表記される四字熟語としては、次のようなものが見られる。

切さたく磨（切《せっ》磋《さ》琢《たく》磨《ま》）

容ぼうかい偉（容《よう》貌《ぼう》魁《かい》偉《い》）

明ぼうこう歯（明《めい》眸《ぼう》皓《こう》歯《し》）

これでは、せっかくの精進努力も、立派な風姿容貌も台なしである。

**げき文**〔檄文（げきぶん）〕

めしぶみ。ふれぶみ。意見や主張などを強く訴え、賛同や決起などを促す文章。「檄」は、もと役所から人民に出した木札の文書。檄書。急を要するときは、鶏の羽をつけたので「羽檄」または「檄羽」ともいう。

現代でも、急を告げ、励まして、決起を促すことを「げきを飛ばす」と言うことが多いが、これは「交ぜ書き」ではなくて、漢字一字を仮名書きにしたもの。「ようとして消息を絶つ」

「てんとして恥じる風もない」などと同様に、表意文字としての漢字の機能を剝奪《はくだつ》した表記である。「杳《よう》（として）」は、暗くはるかなさま。「恬《てん》（として）」は、全く気にかけることなく平然としているさま。杳然・恬然を略した言い方であるが、それを更に仮名で表記されては、その意味はますます捉えにくくなる。

**けん銃**〔拳銃（けんじゅう）〕

片手で操作できる小型の銃。短銃。ピストル。「拳」は、にぎりこぶし。「拳闘」は、ボクシング。こぶしで殴り合う競技。ともにカタカナ語で表記できるために不便を感ずることは少ないが、「けん銃」「けん闘」と書かれる異様さは、際だって見える。「けん」を音とする漢字は、総所載字数一万字以下の小さな漢和辞典でも、二百字以上を数えるが、その中で、「拳銃」のほかに「**敬虔**《けいけん》」「**倦怠**《けんたい》」「**牽制**《けんせい》」「**喧騒**《けんそう》」「**絢爛豪華**《けんらんごうか》」などのゴシックのような漢字あたりまでは、現在通用の実態から「常用漢字表」に加えられてしかるべきであろう。

**けん騒**〔喧騒（けんそう）〕

やかましく、さわがしいこと。もと「喧噪」と書いた。「噪」も「さわぐ」意。「都会の喧噪を離れる」などといった言い方は、よく耳にするところであろう。

ちなみに、「喧伝（やかましく、言いふらす）」は「けん伝」と交ぜ書きされるが、「喧嘩」は、「けんか」と二字ともに仮名書きされねばならない。これでは、おちおち「喧嘩」もできないのではあるまいか。

国技館をゆるがす「喧喧囂囂《けんけんごうごう》」の歓声も、「けんけんごうごう」では実感に乏しくなってしまうのではなかろうか。「囂」の字はともかく、「喧」はぜひとも「常用漢字表」に加えるべき一字であろう。

**語い**〔語彙（ごい）〕
ある分野で用いることば全体。ことばの集まり。ただし、「単語」の意味に用いるのは誤り。「彙」は、たぐい。なかま。また、あつめる。
vocaburary の訳語で、学術語としての正確な定義の難しい漢語である。ましてこれを適切な別の日本語に言い換えることは難しい。国語審議会でも、「言語の種類・語種・語類・語集・用語範囲・用語」などさまざまな代用語の案が出し続けられたが、決着を見なかったという。
書き換え・言い換えを拒否して、しかも、仮名書きでは意味をなさない漢字熟語の最たるものであろうか。これこそ、「語彙《ごい》」とルビ付き漢字で、表記されるべきものであろう。

**才気かん発**〔才気煥発（さいきかんぱつ）〕

すぐれた才知が、盛んに発揮されること。

「才気」は、才知の働き。「煥発」は、火が燃え出るように、外に輝き現れること。「煥」は、火のひかり。また、光り輝くさま。

四字熟語の中の一字だけが、仮名書きされた例は多いが、その一字が四字の中で肝心の一字であることが、これまた多いのである。この「煥」もまた、その一例である。光り輝く才知が、はじき出されて、きらめくようなさまは、この「煥」の一字あってこそ印象づけられるものであろう。

**さく裂**〔炸裂（さくれつ）〕

砲弾・爆弾などが、爆発して飛び散ること。

「炸」は、はじける。火薬で爆発させる。従って、「裂（さける）」を伴って、強烈な爆発を意味する語となるが、特にそれを他の場合に利用する語とするときは、「鋭い論旨を炸裂させる」の如く用いられて、そのことの強烈さを強調する表現となる。

これをもし、「爆発」「破裂」などの他の語に言い換えたとしても、「炸裂」のニュアンスの鮮烈さには、とても及ばない。その鮮烈さのイメージを、こよないものとする人々にとっては、他の語によっては換え難いものとして、使い続けられることになるのである。

「炸」の一字もまた、「炸裂」以外には、現代語として登場を見難い文字であるが、だからといって消し去ってよいものではない。

**残し**〔残滓（ざんし）〕

残りかす。「滓」は、くず。かす。慣用読みとして「ざんさい」も通用している。

「滓」もこの語の他に用例を見いだしにくい漢字であるが、「封建時代の残滓」というような言い方を、他の語に言い換えることは難しいのではないだろうか。

「滓」のような高いレベルの漢字となると、交ぜ書き語として仮名書きされては、一般にはなかなかこの漢字を当てて考えることは難しいのではないか。しかし、この漢字が想定できなければ、その熟語の意味を的確にとらえることはできにくい。「滓」の同音異字の「し」で、交ぜ書きされることの多い熟語にしても次の如く多い。

「し意（恣意）」「死し（死屍）」「し緩（弛緩）」「真し（真摯）」「書し（書肆）」「し烈（熾烈）」などの「し」を正確に書き分ける能力を、すべての日本人に求めるとしたら、相当の反論があるにちがいない。しかし、現実にこれらが「交ぜ書き」されている事実は、無視し得ないであろう。

また、「しし（孜々）」「しゃし（奢侈）」などは、いうまでもなく「交ぜ書き」ではなくて、「仮名書き」される熟語である。

これらに「旗《き》幟《し》鮮明」「揣《し》摩《ま》憶測」などの「幟」「揣」が加わり、「駟《し》馬《ば》も舌に及ばず」（四頭立ての馬車も世人の評判の行きわたる速さには及ばない）の「駟」などを加えて、これらをしもマスターすべしとするならば、もはや、漢字の知識を誇示するペダンチストとして非難されることになるのであろうか。

## **終えん**〔終焉（しゅうえん）〕

死に直面すること。臨終。また、物事の終わりの意。

「焉」は、本来、文末にあっては、断定の意味を添える助字。現代日本語の用例としては、この「終焉」以外には、わずかに「忽《こつ》焉《えん》」が見られるだけ。それはほぼ「忽然」と同じく、「急にある状態になるさま。にわかに」の意味に用いられている。この場合、「焉」は「然」と同じく、状態語・形容語を作る接尾語として機能しているのだが、「終焉」に対する「終然」の用例は見あたらず、その意味合いも、形容の語としてよりも、「人生の終焉」「終焉の地」というように、単に「終わり」を表す語として用いられている。
ただし、現代人が「終焉」の語を使う場合、そこにはなにがしかの詠嘆の情念――その終わりに対する何等かの感慨や、完全に終わったことへの哀惜の情のようなものが、こめられているのであろう。この語に執着する日本人は、今に絶えないのである。それをしも「終えん」と書いたのでは、そのそこはかとない情念は、読む人に伝わるべくもない。

**しゅん動**〔蠢動（しゅんどう）〕

虫などがうごめくこと。転じて、騒ぎ動いて乱をなそうとすること。かげで騒動を起こそうとすること。
「蠢」は、「うごめく」意。「春」の下に「虫」二匹で、その意味を表している。その成り立ちを知ればこそ、その意味は明らかとなる。この「蠢」も恐らくは「蠢動」以外の用例は、今の日本では見いだしにくいであろうが、いかにも虫のうごめきからの不気味な連想を誘って、やはり失いたくない一字ではある。

**傷い軍人**〔傷痍軍人（しょういぐんじん）〕

戦争や公務で負傷した軍人。「痍」も「傷」と同じく、きず。きずつける。この漢字が、この四字熟語以外に現在用いられることは、まずあるまい。また、この痛ましい言葉を、次の世代までも持ち越したくはないものである。

だからといって、歴史的な意義のある漢字を「傷い」と仮名書きして用いるべきではない。この四字には無謀な戦争によって傷ついた兵士の無念さが凝集されている。筆者の長兄も、日中戦争の初め、右眼を失った「傷痍の一兵士」であった。

漢和辞典所載の「疒（やまいだれ）」の漢字は、少なくとも百数十字以上を数えるが、そのどれもが病気にかかわる痛々しく暗いものばかりである。その中でも、表外字ではあるが頻用される漢語に、「傷痍」以外にも、次のようなものがある。

**痔**疾《じしつ》（肛門の病気）・痛**痒**《つうよう》（痛みやかゆみ）・発**疹**《ほっしん》（吹き出物）・腫**瘍**《しゅよう》（できもの）・動脈**瘤**《どうみゃくりゅう》（動脈にできたこぶ）

用途も限られており、それぞれに難しい漢字ではあるが、ゴシックの漢字を仮名書きにはゆめ、すまじきものばかりである。

**浄るり**〔浄瑠璃（じょうるり）〕

三味線を伴奏楽器とする音曲語り物の総称。特に、義太夫節の通称として用いられることが多い。「浄」は「きよい」、「瑠璃」は、紺青色《こんじょういろ》の美しい宝玉。また、ガラスの古称。従って

「浄瑠璃」は、もと、「清く透き通った宝玉」から転じて、わが国固有の古典芸能の名となったものと考えられる。

三字の熟語で、その中の一字を仮名書きにする「交ぜ書き語」は多いが、右のように三字中二字を「仮名書き」にするに至っては、その語義はいよいよ不鮮明になる。これでは、大切な日本の伝統芸能への賛辞も台なしである。

「だいご味」の「醍醐」は仏教で最高の乳酪製品を意味し、「さんご礁」の「珊瑚」は、いうまでもなく、あの美しい海の珠玉である。

日本には古くから「瑠璃も玻璃《はり》（水晶またはガラス）も磨けば光る」という言葉もある。

**親ぼく**〔親睦（しんぼく）〕

親しみ合い、仲よくすること。「睦」は、むつまじくする。むつみ合う意。

「親睦会」「親睦団体」は、日本国中至る所に、どれだけの数があることだろうか。聖徳太子の十七条の憲法が、『論語』の学而《がくじ》編に基づいて「和を以って貴しと為し」てからか、どこの町内にも会社にも、「睦《むつみ》会」「親睦会」などを名とする集まりが今も生まれ続けている。

これを「むつみ会」とし、「親和会」と言い換えても、あるいはいっこうに差し支えないであろう。しかし、「睦」の一字が常用漢字表にないからといって、「親ぼく会」と改めることを快しとする人が、果たして多数派であろうか。

この程度の漢字を規制し続けたり、使用制限したりする必要が、どこにあるのだろうか。向こう三軒両隣との友好親善の伝統を、日本人が大切に思う限り、除去されるべき文字とはならないであろう。

**推こう**〔推敲（すいこう）〕

詩文の字句を、よく検討し練りあげること。表現に工夫を凝らすこと。「推」は、押す。「敲」は、たたく。

唐の詩人賈島《かとう》が、「僧は推す月下の門」の句を作り、「推」を「敲」に改めるべきか否かに迷った時、時の文豪韓愈《かんゆ》の教示によって「敲」としたという故事に基づく語。

これは単に「推す」と「敲く」という漢字の表面的な意味上の相違を認識するだけではなく、独り月下の門を「推す」僧侶の姿を、「敲く」ということによって、いわば視覚的な捉え方にとどまっていた描写を、更に聴覚的な世界にまで誘う立体的な表現にまで高めるという営みであったと知らねばならない。

史伝や故事といった来歴や背景を担う、この種の言葉は、漢字で表記してこそ、その真意を伝えることができる。

## ずさん〔杜撰〕

詩文・著述などが、根拠がなく、誤りの多いこと。粗末。ぞんざい。「ずざん」ともいう。

宋の詩人杜黙《ともく》の作った詩が、いいかげんで、作詩のきまりに合っていなかったことに基づくという。従って「杜」は、杜黙のこと。「撰」は、著述する。また、詩文を作る。

「杜」は、唐代の大詩人杜甫の「杜」でもあって、他に「杜絶《とぜつ》（とだえる）」「杜氏《とうじ》（酒を醸造する職人のかしら）」という熟語もある。「杜氏」は、中国で初めて酒を造ったとされる杜康《とこう》の名に由来し、「と／うじ」が「とう／じ」と転訛したかと推定される。また、国訓としては「もり」と読まれるなど、多用な用法を持つ文字である。

一方の「撰」は、「勅撰（天子の命令によって編纂すること）」という熟語でおなじみの漢字であろう。

この熟語は、ここに紹介している他の熟語と違い、両字とも表外字である。そのため、「杜撰」は「ずさん」と仮名書きされるが、もし仮に「と絶」「とう氏」「勅せん」などと「交ぜ書き」したら、その意味は全く不可解となろう。

## ぜい弱〔脆弱（ぜいじゃく）〕

もろく弱いこと。「脆」は、こわれ易い。もろい。「き弱」と誤り易いのは、その旁《つくり》の部分の

「危」の音読みに引かれてのことである。

よく用いられる語でありながら、誤読されがちな語。それを仮名書きされたら、漢字を当てることは至難のわざ。

「進捗《しんちょく》」が「しんしょう」と誤られるのは、「捗（はかどる）」に似た漢字に、「渉《しょう》（わたる）」があるからであり、「疲労困憊《ひろうこんぱい》」が「ひろうこんび」と誤られるのは、「備《び》」の音読みに引かれるからである。「嗅覚《きゅうかく》」「忖度《そんたく》」「渾身《こんしん》」「哄笑《こうしょう》」などが、「しゅう」「すん」「ぐん」「きょう」と誤られるのも、「臭《しゅう》」「寸《すん》」「軍《ぐん》」「共《きょう》」を旁《つくり》としている漢字だからである。

表外字であるからといってこれらを「きゅう覚」「そん度」「こん身」「こう笑」と「交ぜ書き」にしてしまっては、漢字を当てることは難しく、意味を推測することが不可能となってしまうのである。

**清そ**〔清楚（せいそ）〕

清らかで、上品な美しさのあるさま。主として女性美の表現に用いられる。

「楚」は、もと、中国古代の長江中流域にあった国名である。そのあたりを流れる長江を「楚江」と称し、楚の詩人屈原《くつげん》を中心とする南方文学の総集としての『楚辞《そじ》』という古典などもあって、古くからこの「楚」の一字は中国においては欠くべからざる文字であった。周囲を敵に囲まれて孤立無援に陥ることをいう「四面楚歌《しめんそか》」の語もある。

また、美人のほっそりとした、いわゆる「柳腰」を意味する「楚腰」の語もある。わが国でも「清楚」と同様な意味で「楚楚《そそ》とした風情」などと使われて、「楚」は国名以外に「すっきりとした清らかさ」を意味する字として用いられている。

その「楚」を仮名書きにして「清そ」「四面そ歌」「そ腰」「そそ」などと表記したのでは、歴史や文化の破壊、美意識の無視をあえてしたと評されても、仕方がないのではあるまいか。

**戦りつ**〔戦慄（せんりつ）〕

恐れおののく。恐ろしさに体がふるえるほど、びくびくするさま。

「戦」はこの場合、「たたかう」「いくさ」の意味ではなく、「ふるえる」「おののく」の意で、「慄」もほぼ同義。

従ってこの熟語は、同義・類義の漢字を重ねたもので、「慄」を仮名書きしてしまっては、その構造は無視されたことになってしまい、その意味は捉えにくくなる。

「戦」の漢字で作る熟語としては、「戦争」「戦場」「作戦」「戦塵《せんじん》」などと「たたかい」の意味で使われることが多い。「おののく」という意味の用語例としては、わずかに「戦々恐々」があるくらい。それも、もとは「戦戦兢兢《きょうきょう》」（出典は『詩経』）であって、「兢兢」が「恐恐」

に書き換えられたものである。

漢字の熟語ではないが、「戦」は「風に戦《そよ》ぐ葦《あし》」などと「そよぐ」という意味で使われることもある。このように多様な意味を持っているとしたら、表外字の「慄」と、常用漢字の「戦」と、どちらが難しい漢字ということになろうか。

**雑きん**〔雑巾（ぞうきん）〕

汚れなどを拭きとる布。「巾」は、布切れ。他に「頭巾《ずきん》」「布巾《ふきん》」「手巾《しゅきん》」などの熟語として用いられている。

あまりにも日常卑近に用いられる語であるので、解説の不要なことは明らかであるが、これがしばしば誤って「雑布」と書かれがちなこと、またそれ以上に、この「巾」の一字が常用漢字ならざる表外漢字であるために、「雑きん」と交ぜ書きされている事実に、一驚を禁じ得ないのである。

**敵がい心**〔敵愾心（てきがいしん）〕

敵に対する激しい怒りの気持ち。「愾」は、なげく。うらみ怒る意。

この三字には、あくまでも敵を倒そうとする強烈な闘争心が漲っている。これをたとえば

「対抗心」「敵対心」などと言い換えては、その激しさは伝わってこない。このように漢字三字の熟語ともなると、二字のそれよりも強い理念や強烈なイメージを漂わせるものが多く、他の平易なことばと言い換えても、そのニュアンスを伝えることの難しい場合がある。

**独せん場**〔独擅場（どくせんじょう）〕

その人だけが、かってにふるまえる場所や場面。一人舞台。

「擅」は、ほしいままにする。従って「独擅場」は、「独《ひと》り擅《ほしいまま》にする場」と訓読できる。それを「独せん場」と書いたのでは、訓読のしようもなく、その意味は全く不分明となってしまう。

ただし、この「擅」を誤って「壇《だん》」とする「独壇場《どくだんじょう》」の語が、現在一般には用いられることも多く、もはや慣用として市民権を獲得してしまっている。「壇」は、「花壇」「教壇」などの「壇」であって、常用漢字であるから、仮名書きの必要もない。

いずれにしても、通行する言語やその表記は、時々刻々に移ろいやまぬもので、このように誤用が通用して慣用となり、許容され認容されるに至るという経過をたどるものも少なくないのである。

**どん欲**〔貪欲（どんよく）〕

極めて欲が深いこと。強欲《ごうよく》。「貪」は、むさぼる。欲張る。

「貪欲なまでの好奇心」などという言い方は、現在でも一般的になされている。これをたとえば「強欲なまでの好奇心」に置き換えたとしたら、表現としてはほとんど成立しないことは明らかであろう。

「貪欲」とほぼ同義の語に「貪婪《どんらん》」がある。「婪」もまた、むさぼる意だが、「欲」よりも更に強欲な語感が漂う。ただし、現代の日本人にとって、もはや、ほとんど無縁の語になっていると言えようか。このあたりの難字を多用すれば、それこそペダンティックな気取りとして、世の顰蹙《ひんしゅく》を買うことにもなりかねない。

それでもなお、この「顰蹙」を始め、たとえば「齷齪《あくせく》」「齟齬《そご》」「躊躇《ちゅうちょ》」「霹靂《へきれき》」「僥倖《ぎょうこう》」などといった難語が、二字ともに仮名書きされてまで、貪婪に生き続けてもいる。げに漢字・漢語の生命力には、端倪《たんげい》すべからざる（見通すことのできない）ものがある。

**ねつ造**〔捏造（ねつぞう）〕

実際にはないことを、事実のようにつくり上げること。でっちあげる。もと、土などをこねて、物の形を作ること。「捏」は、「こねる」「つくねる」意。

汚職事件などの報道で、「報告書をねつ造する」などと使われるが、この「ねつ」を見て、直ちに漢字の「捏」を思い浮かべられる現代日本人は、何人いるであろうか。しかもこの種の社会悪・人間悪を表す漢語のなんと多いことか。

改ざん（改竄）　悪用の目的で文面を故意に書き変えること。

ひょう窃（剽窃）　他人の物を盗用して、自分のものとして発表すること。

どう喝（恫喝）　他人をおどして、おびえさせること。

べっ視（蔑視）　ばかにして見下すこと。

といった「交ぜ書き語」である。現代日本の実相を活写する語の氾濫《はんらん》としたら、嘆かわしいことであるが、どうしても必要な漢語として生き続けている現実がある限り、常用漢字として指定せざるを得ないのではなかろうか。

**ば声**〔罵声（ばせい）〕

口汚くののしる声。非難してどなる声。

「罵」は、「ののしる」「悪口を言う」意。この漢字を用いた熟語はすこぶる多いが、代表的なものを次に挙げる。

悪罵《あくば》　口汚くののしる。またその言葉。

痛《つう》罵《ば》　ひどくののしる。
罵《ば》言《げん》　ののしりの言葉。
罵《ば》倒《とう》　ののしり倒す。
面《めん》罵《ば》　面と向かってののしる。

これらを「交ぜ書き」した場合、「ば」が接続助詞の「……ば」と紛らわしく、誤読・誤認されることがある。

また、この「罵」を含む四字熟語に「罵《ば》詈《り》雑《ぞう》言《ごん》（口汚くののしること。また、その言葉）」がある。「詈」もまた表外漢字であるために、「ばり雑言」と書かれることになるが、この表記では、ますますその意味は不分明となろう。

**破たん**〔破綻（はたん）〕

破れほころびる。物事や事業・人間関係などが、うまくゆかなくなって修復しようのない状態に陥ること。

「綻」は、「ほころびる」「失敗の状態に陥る」意。「ほころびて、下着が見える」意から成った漢字という。

平成の時代になって何年間かは、この「破綻」の語を新聞・雑誌に見ない日はなかった。それも常に「国家財政の破たん」「銀行の破たん」といった「交ぜ書き語」としてである。

それに続いて、某国による「ら致事件」「ら致問題」の「交ぜ書き語」が紙面に躍らない日はなかったのである。その悲劇は、いまだに未解決のままだが、その「ら致」を「らいた」、「破たん」を「やぶたん」と読んで首をかしげる大学生のあった話は、笑ってばかりでは済まされないものがある。日本文化の危機的現象の一つと憂えるからである。ただし最近の新聞などでは「破綻」「拉致」などの常套《じょうとう》語に限って、さすがに「交ぜ書き」されないで表記されることのほうが多くなっている。

### ばん回〔挽回（ばんかい）〕

もとに引きもどす。もとのよい状態に回復させること。「挽」は、引く。引き上げる。「挽歌」「推挽」などの熟語がある。

「挽歌」は、棺桶《かんおけ》を載せた車を挽く時の歌の意から転じて、死者をいたむ詩歌。また、「推挽」は、人を推薦して、より高い地位に引き上げること。

「挽回」「挽歌」「推挽」以外には、「挽」の熟語の用例は少ないが、この三語の利用度はかなり高いと言える。これをしも「名誉ばん回」「万葉集のばん歌」といった具合に、「交ぜ書き」されたのでは、その意味の由って来たるところを、考えたり調べたりするには、かえって不便なものとなる。

**不ぐ戴天**〔不倶戴天（ふぐたいてん）〕

同じ空の下では生かしておけないほど、恨みや憎しみの深いこと。またその間柄。「倶《とも》には天を戴《いただ》かず」と訓読する。「不倶戴天の敵《かたき》」とは、もと、親の敵をいい、生かしておけない仇敵《きゅうてき》の意に用いる。

このように三字・四字の熟語で、漢文訓読することで、その意味に迫りやすい語も少なくない。

不惜身命《ふしゃくしんみょう》（身命を惜しまず）

傍若無人《ぼうじゃくぶじん》（傍《かたわら》に人無きが若《ごと》し）

の類である。ただし右の二例は、仮名書きする必要のない常用漢字ばかりであるが、

不撓不屈《ふとうふくつ》（撓《たゆ》まず屈せず）

独立不羈《どくりつふき》（独り立ちて羈《つな》がれず）

となると、「不とう不屈」「独立不き」と「交ぜ書き」されることになって、「撓」「羈」という表意文字は眼前から消失してしまい、漢文訓読も不能となる。

**ぼう然**〔茫然・呆然（ぼうぜん）〕

事の意外さに、あっけにとられるさま。また気抜けして、ぼんやりするさま。

「茫」は、「どこまでも遠く広く続いているさま」「果てしなくとりとめのないさま」。「呆」は、「おろか」、また、「あきれる」意。従って、「茫然」とは、もと、あまりの広大さにぼんやりしてしまうさま、「呆然」は「阿呆」の「呆」でもあり、ここでは、事の意外さに、あきれ果てるさまをいう語。それが、「茫然自失」「呆然自失」などと、現在は全くの同義語のように用いられることが多い。

その原義からして、この両者の間には、当然、用法上の微妙なニュアンスの相違があって、それに敏感な人々によっては、その使い分けがなされている。これを「ぼう然」と交ぜ書きしては、もはや、そのニュアンスの相違など伝わるはずがない。

**木たく**〔木鐸（ぼくたく）〕

木製の振り子の付いた金属製の鈴。「鐸」は、風鈴《ふうりん》のような形をした大きな鈴。昔、法令や教令などを人民にふれ回る時に用いたもの。『論語』八佾《はちいつ》編に、「天将《まさ》に夫子《ふうし》を以って木鐸と為《な》さんとす」とあることから、世の人を教え導く指導者の意味に用いられる。

「新聞は社会の公器、世の木鐸でなければならぬ」といった使い方がされる。このように、故事来歴を持つ語は、言い換えることも難しく、「交ぜ書き」されては意味がつかみにくくなってしまう。その語義や由来を正確に知るためには、「木たく」ではその手がかりも得にくいであろう。

**ぼっ興**〔勃興（ぼっこう）〕

急に勢いを得て、盛んになること。「勃」は、急に盛んになるさま。「勃発」「勃起」「勃然」などの「勃」は、すべてその意味で用いられている。

漢字の多義性という性格は、常に留意すべきことにはちがいないが、現代日本語としてよく用いられている漢字の中には、ほとんど一つの意味に限定してしか用いられない漢字もまた多い。

　黄塵・戦塵・俗塵・塵芥などの「塵（ちり）」
　美貌・容貌・風貌・変貌などの「貌（かたち）」

などが、その例である。

しかし、一つの意味しかない漢字とはいえ、それを仮名書きにしてしまっては、やはりその意味するところは理解しにくくなってしまう。「ぼっ興」「黄じん」「美ぼう」と「交ぜ書き」することなど、論外のことである。

### 勇往まい進〔勇往邁進（ゆうおうまいしん）〕

ひるむことなく、ひたすらに前進すること。「勇往」は、勇ましく進んでゆくこと。「邁」は、ゆく。勢いよく進む。転じて、人に過ぎる。すぐれる意にも用いられる。「高邁」「英邁」などの「邁」がそれである。

それらが「高まい」「英まい」と交ぜ書きされたのでは、その意味をたどることはできにくい。また「勇往邁進」は、政治家の挨拶《あいさつ》などによく用いられるが、これを「勇往まい進」と書いたのでは、なんともその字面からは、その気迫のようなものが伝わってこないのではないか。

どうせその程度の決意表明なのだと言ってしまえば、それまでのこと。

### 容かい〔容喙（ようかい）〕

横合いから、口を出すこと。「容」は、いれる。「喙」は、くちばし。また、ことば。漢文訓読すれば、「喙《くちばし》を容《い》る」と読むことができ、直接そのことにかかわりのない者が、よけいな言葉をさしはさむこと。

これと同じ構造を持つ熟語としては、次のようなものがある。

喀血《かっけつ》（血を喀《は》く）

啓蒙《けいもう》（蒙を啓《ひら》く）
遁世《とんせい》（世を遁《のが》る）
捺印《なついん》（印を捺《お》す）

右のような「喙」「喀」「蒙」「遁」「捺」などの表外字を、すべて仮名書きにしてしまうということは、その熟語の構造や意味を全く無視することになる。「交ぜ書き」にするということの乱暴さは、この種の構造を持つ熟語において極まっている。

**落花ろうぜき**〔落花狼藉（らっかろうぜき）〕

花びらが散り乱れているさま。転じて、物が散らばって、入れ乱れているさま。また、花を女性に見立て、女性に対して乱暴を働くたとえ。

「狼藉」は、乱雑に散らばるさま。狼《おおかみ》が草を藉《し》いて寝たあとの状況からいうとされる。「杯盤狼藉」「乱暴狼藉」などの四字の熟語もある。

右のような四字熟語において、その一字のみならず二字を仮名書きにする「交ぜ書き語」は、決して少なくない。「かいらい（傀儡）政権」「顔色しょうすい（憔悴）」「無知もうまい（蒙昧）」「自然とうた（淘汰）」「周章ろうばい（狼狽）」「けんらん（絢爛）豪華」といった類である。

これらの仮名書きされた二字は、それぞれに独立して用いられれば、当然すべて仮名書きされる運命にある。百歩譲って、その場合は仮名書きにされても仕方がないとしても、四字熟語の中に含まれた場合は、その二字を仮名書きする異様さは耐え難いものがある。

**濫しょう**〔濫觴（らんしょう）〕

物事の起こり。起源。「濫」は、あふれる。うかべる。氾濫《はんらん》（川の水があふれる。洪水）の「濫」。「觴」は、さかずき。酒杯。

大河もその源は、酒杯を満たす程度の小流であるという『荀子《じゅんし》』の言葉に基づき、物事の初めをいう。一説に「觴を濫《うか》べるほどの小さな流れ」の意。それならば、古代中国や日本で行われた曲水の宴（曲折した小流に酒杯を浮かべ、詩歌を競った風雅の遊び）に基づいているということになる。

「近代医学の濫觴」といった使い方がされ、比較的よく目にする語である。この語に近い意味で用いられるものに「嚆矢《こうし》（かぶら矢）」がある。かぶら矢とは、射ると音を発するように作られた矢のことで、昔、中国で敵陣に対してその矢を射て、開戦の合図としたことから、物事の初めの意となったという。

これらの語を「濫しょう」「こう矢」と表記したのでは、その意味は尋ねあてようがない。

ともに難しい漢語にはちがいないが、現代でもなお生き続けているものである。

### りん然〔凜然（りんぜん）〕

寒さの厳しいさま。また、きりっと引き締まって、りりしいさま。きっぱりとして勇ましいさま。

「凜乎《りんこ》」「凜凜《りんりん》」としても用いられて、いずれもほぼ同義。「凜乎」の「乎」は、「凜然」の「然」と同じく、状態や形容を表す接尾語で、「確乎（しっかりとして動かないさま）」「断乎（固い決意をもって行うさま）」などと用いられる。「凜」はまた、「凜とした（きりりとした）態度」などといった使い方もされる。

「凜」の熟語には、他に「凜冽《りんれつ》」「凜烈《りんれつ》」（ともに、寒さの厳しいさま）などがあるが、何よりも人の姿の清らかでりりしいさまをいう場合が多い。そのため、この字を愛する日本人は後を絶たず、近年では「人名用漢字」として、命名での人気も高いと聞く。

接尾語「然」を伴う形容語としては、「暗然」「冷然」「愕然《がくぜん》」「憮然《ぶぜん》」といった、どちらかというと暗い、マイナスのイメージを持つ語が多い中で、「燦然《さんぜん》」「端然」「毅然《きぜん》」などとともに、「凜然」「凜乎」は、プラスのイメージを漂わせる、比較的数少ない状態語である。

## ろっ骨〔肋骨（ろっこつ）〕

胸部の内臓を保護する左右十二対の骨。あばら骨。「肋」は、あばら骨。「肋膜《ろくまく》」「肋間神経痛」などと多用されている。

漢字の部首としては、「月偏」と「月（にくづき）」とがあって、前者は、月や日に関する文字、後者は、もと「肉」であって、肉体の部位に関する文字を形成する偏として用いられる。その「月（にくづき）」を偏とする文字の中で、表外字として仮名書きされるものに、他に次の如きものがある。

肛《こう》・肓《こう》・股《また》・肘《ひじ》・胚《はい》・腑《ふ》・腎《じん》・腺《せん》・膵《すい》・膝《ひざ》・膣《ちつ》・臆《おく》・臀《しり》などなど。

いずれも人体の部位をいうのに必要な漢字である。ただし、「股」「肘」「膝」「肛門」「腎臓」「膵臓」「リンパ腺」などは日常的な用字・用語だが、「病《やまい》　膏肓《こうこう》に入る」となるといささか難語となる。

一般には、「肓」は「亡」の部分に引かれて「もう」と誤られることが多いが、「膏肓」は、体の奥深くにあって、治療が及ばないところをいう。「膏」は心臓の下、「肓」は横隔膜の上の部分。「病　膏肓に入る」とは、病気が治療できない状態になること。

また、「胚」には「胚胎（物事がきざすこと）」、「腑」には「五臓六腑（内臓のすみずみまで）」、「臆」には「臆病」といった用例がある。その他、「膣」「臀」などと、多少の難字はあっても、人体の部位の名称にかかわる漢字であってみれば、表外字として疎外されてよいはずはない。

# III

# 交ぜ書き語小辞典

## 凡例

一、この辞典は、よく見かける「交ぜ書き語」約七百語を、意味と用例とともに五十音順に掲げて、その全体像に迫ろうとするものです。

二、「交ぜ書き語」には、日常生活でよく用いられる言葉が多いので、意味の記述は、必要最低限に止めました。詳細な意味が知りたい場合は、各種国語辞典をお調べください。

三、「交ぜ書き語」という表記法は、新聞・雑誌・テレビの字幕などでよく用いられていますが、ここでは、新聞に見られる用例に限って採録しました。採録にあたっては、まさに現在使用されているものという観点から、できる限り最近のものを優先しました。

四、用例に掲げた新聞名のうち「新聞」「新報」など、また西暦の上二桁は、分量の都合上、省略しました。なお、「朝」は朝刊、「夕」は夕刊、「地」は地方版を表します。

五、もちろん「交ぜ書き語」は、ここに掲出したもののみに止まりませんが、ここでは、確実な用例が採集できたもののみに絞りました。

六、付録として、末尾に、二字とも表外字・表外訓であるためすべて仮名書きになってしまう語を約百語を掲げました。これらの語に用いられた漢字も、ぜひとも「常用漢字表」に組み入れるべきものばかりです。

## あ

**愛がん【愛玩・あいがん】**

意味 かわいがったり、楽しんだりすること。

用例 畑に鳥62羽の死がい 愛がん用？〈読売04・4・2朝〉

**愛きょう【愛嬌・あいきょう】**

意味 にこやかで、親しみやすく、かわいらしいこと。また、そのさま。

用例 中秋節祝い獅子舞 南京町、愛きょうたっぷり〈読売05・9・19朝〉

**愛ぶ【愛撫・あいぶ】**

意味 かわいがって、なでさする。また、かわいがること。

用例 やさしく愛ぶしてくれる白衣の天使〈朝日92・5・12夕〉

**あい路【隘路・あいろ】**

意味 狭くて通りにくい通路。転じて、物事を進める妨げとなること、もの。

用例 法体系のあい路で、北海道だけが国の「風下」に立たされ続け〈読売05・2・1夕〉

**悪らつ【悪辣・あくらつ】**

意味 たちが悪く、手厳しいこと。

用例 無期懲役判決 悪らつな犯行と断罪〈読売05・5・7朝〉

**あ然【唖然・あぜん】**

意味 あきれて口もきけないさま。

用例 無神経な犬の飼い主にあ然〈読売02・10・10朝〉

**あっ旋【斡旋・あっせん】**

意味 物事がうまく運ぶように、取りはからうこと。仲を取り持って、世話をすること。

用例 買春あっ旋、被告に有罪判決〈毎日04・9・17地〉

**暗きょ【暗渠・あんきょ】**

意味 地下に設けた水路。

用例 暗きょに子猫 レスキュー隊救出〈読売04・5・17朝〉

**暗たん【暗澹・あんたん】**

意味 暗くてはっきりしないさま。転じて、暗い気分に陥るさま。

用例 わが社の体質を知り、暗たんたる気分になった〈毎日05・11・2朝〉

**安ど【安堵・あんど】**

意味 心配のないこと。

用例 レッドソックス、土壇場で決め安ど〈毎日05・10・3夕〉

**あん摩【按摩・あんま】**

意味 筋肉をもみほぐし、疲労や凝りなどを取り除くこと。また、その人。

用例 はり師、きゅう師、あん摩マッサージ、指圧師〈北海道04・3・30朝〉

## い

**遺がい**【遺骸・いがい】
意味 死んだ人の体。死体。
用例 昔は庭先に遺がいを埋めることもあった〈毎日05・3・22朝〉

**威かく**【威嚇・いかく】
意味 力を見せつけて、相手をおどすこと。
用例 暴力団の威かく行為〈毎日01・4・19地〉

**胃がん**【胃癌・いがん】
意味 胃に生じた悪性の腫れ物。
用例 胃がん外科の第一人者〈毎日05・10・21地〉

**い敬**【畏敬・いけい】
意味 おそれ敬うこと。心から尊敬すること。
用例 大自然に対するい敬の念を再認識〈毎日01・12・5地〉

**一目りょう然**【一目瞭然・いちもくりょうぜん】
意味 一目ではっきりわかること。
用例 残量が一目りょう然〈読売05・2・27朝〉

**一る**【一縷・いちる】
意味 ひとすじの糸。転じて、わずかなつながりや、たより。
用例 農地開発に一るの望みを託して〈朝日02・10・27地〉

**一気か成**【一気呵成・いっきかせい】
意味 一息にやってしまうこと。
用例 一気か成の移行に慎重姿勢を示し〈西日本91・2・11朝〉

**一しゃ千里**【一瀉千里・いっしゃせんり】
意味 注げば千里も流れるような水の勢い。転じて、物事が非常に速くはかどること。また、文章・弁舌などがよどみないこと。
用例 ゴールを目指し一しゃ千里で戦うだけだ〈高知00・6・3朝〉

**一しゅう**【一蹴・いっしゅう】
意味 ひと蹴り。また、相手を簡単に打ち負かすこと。
用例 恐喝を一しゅう〈毎日00・6・21夕〉

**陰うつ**【陰鬱・いんうつ】
意味 空が暗く、うっとうしいさま。また、気持ちが沈んださま。
用例 陰うつなパリ、ＳＦＸで再現〈中国02・1・20朝〉

**隠せい**【隠棲・いんせい】
意味 俗世を離れ、隠れ住むこと。
用例 討ち入り前、山科で隠せい〈京都03・12・11夕〉

**姻せき**【姻戚・いんせき】
意味 結婚によって生じた血縁のない親類。
用例 姻せき関係が入り組んでおり〈読売05・4・13朝〉

**いん石**【隕石・いんせき】

意味　燃え尽きずに地上に落下した流星。

用例　火星からのいん石発見〈産経05・1・29朝〉

**隠とん**【隠遁・いんとん】

意味　俗世を離れ、隠れ住むこと。

用例　大統領の息子死亡　モスルで隠とん〈毎日03・7・23夕〉

**隠ぺい**【隠蔽・いんぺい】

意味　真実を覆い隠し、ごまかすこと。

用例　接続ミス　刻印改ざんで〝隠ぺい〟〈読売05・11・10夕〉

**印ろう**【印籠・いんろう】

意味　昔、薬などを入れて腰に下げた平たい小箱。

用例　『黄門の子孫』印ろう見せず500万円詐取〈東京05・1・6朝〉

## う

**う遠**【迂遠・うえん】

意味　曲がりくねって遠いこと。転じて回りくどいさま。

用例　う遠な議論のように思った〈毎日99・11・25夕〉

**う回**【迂回・うかい】

意味　回り道すること。遠回り。

用例　う回路、案内表示なし〈朝日01・7・28朝〉

**うっ血**【鬱血・うっけつ】

意味　静脈の血が、体や臓器の一部分に異常にたまること。また、その血。

用例　県道下の斜面に女性死体　顔うっ血〈読売05・8・17夕〉

**うっ積**【鬱積・うっせき】

意味　はけ口のない気分が、心の中にたまること。

用例　15歳供述、反発がうっ積〈毎日05・6・25夕〉

**うつ然**【鬱然・うつぜん】

意味　木などが深く茂るさま。

用例　うつ然たる人材の森林〈読売95・8・6朝〉

**うっ憤**【鬱憤・うっぷん】

意味　心の中にたまった、はけ口のない不満や怒り。

用例　日ごろのうっ憤爆発か〈毎日05・6・24夕〉

**う余曲折**【紆余曲折・うよきょくせつ】

意味　曲がりくねっていること。転じて、こみいった事情や複雑な経過。

用例　シロクマ入手、う余曲折〈朝日05・3・3地〉

## え

**えい航**【曳航・えいこう】
意味 別の船を引いて航行すること。
用例 巡視艇が大船渡港までえい航〈読売05・10・8朝〉

**永ごう**【永劫・えいごう】
意味 きわめて長い歳月。
用例 未来永ごうにわたって〈毎日05・9・27地〉

**えい児**【嬰児・えいじ】
意味 生まれて間のない赤ん坊。
用例 住宅物置、えい児の遺体〈朝日05・11・5地〉

**英まい**【英邁・えいまい】
意味 才知が非常にすぐれていること。
用例 陛下の英まいなご指導〈朝日85・3・10朝〉

**演えき**【演繹・えんえき】
意味 意義を推し広めて、詳しく説明すること。
用例 この解説から演えきすると〈読売01・7・16朝〉

**えん曲**【婉曲・えんきょく】
意味 直接的な表現を避けて、遠回しに言うこと。
用例 主催者側はえん曲に断った〈読売05・8・16朝〉

**えん恨**【怨恨・えんこん】
意味 うらむこと。また、うらみ。
用例 刺された跡 細身の包丁で? えん恨の可能性も〈毎日05・8・28朝〉

**えん罪**【冤罪・えんざい】
意味 無実の罪。
用例 えん罪と報道被害〈朝日05・3・1地〉

**円すい**【円錐・えんすい】
意味 円周上のすべての点と、その円の平面外の一定の点とを結んでできる立体。
用例 県内初の円すい形・デザイン灯台〈読売03・11・14朝〉

**えん世**【厭世・えんせい】
意味 生きるのが嫌になること。
用例 えん世観 若者に潜む〈中国03・11・5朝〉

**えん然**【婉然・えんぜん】
意味 しとやかで美しいさま。
用例 えん然としてほほ笑む〈毎日99・10・2夕〉

**えん堤**【堰堤・えんてい】
意味 川や谷の水をせき止めるために、石や土砂で築いた堤防。
用例 水道取水源にえん堤を築造〈毎日05・6・25地〉

**えん魔**【閻魔・えんま】
意味 仏教で、死者を裁くとされる地獄の王。
用例 えん魔大王が登場する死後の世界〈毎日05・7・12朝〉

## お

**横いつ【横溢・おういつ】**

意味 あふれ出るほど盛んなこと。

用例 バンカラの気風が横いつしていた〈読売04・6・6朝〉

**おう歌【謳歌・おうか】**

意味 声をそろえて歌うこと。また、ほめたたえて歌うこと。

用例 川沿い泳ぐこいのぼり 桜花と競い春おう歌〈神戸05・4・15朝〉

**応しゅう【応酬・おうしゅう】**

意味 互いにやりとりする。また、やり返すこと。

用例 その後も際どい応しゅうが続いたが〈静岡02・10・14朝〉

**おう盛【旺盛・おうせい】**

意味 盛んな活力のあること。きわめて元気なさま。

用例 採用意欲おう盛〈読売05・6・10朝〉

**おう吐【嘔吐・おうと】**

意味 食べた物を吐き戻すこと。

用例 下痢やおう吐訴え欠席〈毎日05・10・22朝〉

**押なつ【押捺・おうなつ】**

意味 印鑑や指紋などを押すこと。

用例 押なつ拒否での闘い舞台に〈熊本日日05・3・21朝〉

**おう悩【懊悩・おうのう】**

意味 悩み苦しむ。また、深い苦悩。

用例 源氏がおう悩しながら〝我が子〟を抱いている場面〈読売01・11・21朝〉

**おう揚【鷹揚・おうよう】**

意味 鷹が空に飛び上がるように、ゆったりとして力強いこと。

用例 「いい宣伝になる」とおう揚に構える〈毎日01・5・20地〉

**恩しゅう【恩讐・おんしゅう】**

意味 恩と恨み。情けとあだ。

用例 戦後60年：恩しゅう越え〈毎日05・5・21朝〉

**恩ちょう【恩寵・おんちょう】**

意味 恵みや、いつくしみ。

用例 忘却は、苦しいことを忘れさせてくれる恩ちょう〈読売01・6・18朝〉

**おん念【怨念・おんねん】**

意味 深い恨み。

用例 三条河原、秀次のおん念残る？〈読売02・8・15朝〉

## か

**がい歌【凱歌・がいか】**

意味 勝利を祝う歌。

用例 神宮の森、鷹党がい歌〈読売05・5・8朝〉

**がい骨【骸骨・がいこつ】**
意味 骨だけになった死体。
用例 仮面・がい骨、生き生きと〈読売05・11・3朝〉

**改ざん【改竄・かいざん】**
意味 悪用するために、文書をいつわって書き変えること。
用例 刻印改ざんは6か所〈読売05・11・12朝〉

**かい渋【晦渋・かいじゅう】**
意味 文章や言葉が難しくて、意味がよくわからないこと。
用例 独特のかい渋な文体〈産経94・10・23朝〉

**改しゅん【改悛・かいしゅん】**
意味 罪や過ちを悔い改めること。
用例 改しゅんの情欠如〈毎日05・2・16朝〉

**かい書【楷書・かいしょ】**
意味 一点一画をくずさずに、正しく書く書法。また、その書体。
用例 かい書や草書1年の集大成〈静岡05・3・25朝〉

**灰じん【灰燼・かいじん】**
意味 灰と燃え残り。燃えがら。
用例 連夜の猛襲 渋谷灰じん〈東京05・5・23朝〉

**がい旋【凱旋・がいせん】**
意味 戦いに勝って意気揚々と帰ること。
用例 元小結故富士錦、優勝額「がい旋」〈朝日05・6・3地〉

**外とう【外套・がいとう】**
意味 外出時に着る防寒用の衣類。
用例 外とう脱ぎ 春を出迎え〈下野02・3・14朝〉

**開びゃく【開闢・かいびゃく】**
意味 世界の開け始め。この世の始まり。
用例 宇宙開びゃく後早い時期から〈読売05・2・18朝〉

**外ぼう【外貌・がいぼう】**
意味 外から見たようす。
用例 事件の外ぼうが明らかになって〈毎日89・2・28朝〉

**かい離【乖離・かいり】**
意味 背き離れること。食い違い、隔たること。
用例 都市と地方のかい離〈毎日05・9・11朝〉

**界わい【界隈・かいわい】**
意味 そのあたり一帯。
用例 「三・六街」界わいの犯罪抑止へ〈北海道05・1・1朝〉

**が解【瓦解・がかい】**
意味 屋根瓦が次々に砕け散るように、崩れ落ちること。一部の崩れから、全体が崩壊すること。
用例 政権がが解し、新政権が誕生するまで〈毎日89・2・15朝〉

**覚せい【覚醒・かくせい】**
意味 目を覚ますこと。転じて、今までの非をさとること。
用例 覚せい剤を使用した男〈読

売05・11・13朝〉

**がく然**【愕然・がくぜん】
意味　非常に驚くさま。
用例　火が広がり、がく然〈読売05・7・25夕〉

**かく乱**【攪乱・かくらん】
意味　かき乱すこと。
用例　捜査かく乱狙い〈毎日05・9・2朝〉

**か酷**【苛酷・かこく】
意味　非常に厳しく、むごいこと。
用例　消防士の危険やか酷さ〈朝日91・7・25地〉

**が城**【牙城・がじょう】
意味　牙旗（大将の立てる旗）の立っている城。転じて、ある組織などの根拠地。
用例　自民のが城狙う〈北海道90・1・21朝〉

**が然**【俄然・がぜん】
意味　にわかに。急に。
用例　が然〝ヤジバトル〟本格化〈東京01・6・21朝〉

**かっ血**【喀血・かっけつ】
意味　肺や気管支から、血を吐き出すこと。
用例　突如かっ血、書いて活路〈愛媛01・7・16朝〉

**喝さい**【喝采・かっさい】
意味　賭博のとき、かけ声をかけてさいころを振ること。転じて、声を上げてほめそやすこと。
用例　英外交官が喝さい〈毎日05・11・5地〉

**かっ達**【闊達・かったつ】
意味　心が広く、小さなことにこだわらないさま。
用例　自由かっ達、１０７の個性〈北國05・6・21夕〉

**かっ幅**【恰幅・かっぷく】
意味　肉付きのよい立派な体型。
用例　かっ幅のいい体〈中国03・5・13朝〉

**かっ歩**【闊歩・かっぽ】
意味　大またで勢いよく歩くこと。転じて、思いのままに行動すること。
用例　わが物顔でかっ歩するニホンザル〈毎日05・3・25地〉

**割ぽう**【割烹・かっぽう】
意味　肉を裂いて煮ること。転じて、料理すること。
用例　アシタバでヘルシーに　熊野の割ぽうが開発〈毎日05・4・15地〉

**かつ目**【刮目・かつもく】
意味　目をこすって、よく見ること。転じて、深い関心を持って見ること。
用例　教師側もかつ目／「生徒評価」で意識格差認識〈琉球04・7・6朝〉

**化のう**【化膿・かのう】
意味　膿（うみ）を持つこと。
用例　当時は化のうして痛みが激

しかった〈読売05・6・14朝〉

**か烈**【苛烈・かれつ】
意味 厳しく、激しいこと。
用例 か烈な差別体験〈読売02・2・10朝〉

**がん具**【玩具・がんぐ】
意味 おもちゃ。
用例 がん具作家3氏の作品60点〈西日本05・8・11朝〉

**間げき**【間隙・かんげき】
意味 物と物との間。転じて、人と人との隔たり。
用例 大物来ない　間げき狙い他党懸命〈読売05・9・8朝〉

**かん言**【諫言・かんげん】
意味 目上の人をいさめること。また、その言葉。
用例 議会の〝ご意見番〟のかん言〈毎日01・3・2地〉

**かん口令**【箝口令・かんこうれい】
意味 ある物事について、口外を禁止する命令。
用例 かん口令敷かれた戦場〈中国05・7・26夕〉

**含しゅう**【含羞・がんしゅう】
意味 恥じらいを漂わせること。
用例 含しゅうが作詞の源に〈南日本00・2・23朝〉

**甘しょ**【甘藷（甘薯）・かんしょ】
意味 さつまいも。
用例 甘しょの人形、名前を募集〈読売04・6・8朝〉

**陥せい**【陥穽・かんせい】
意味 落とし穴。
用例 首相公選の陥せい　寄り合い連立　不安定政権に〈東京01・2・10朝〉

**元たん**【元旦・がんたん】
意味 一月一日。また、その朝。
用例 元たんも支持者らにあいさつ回りの日々〈読売99・1・4夕〉

**かん腸**【浣腸・かんちょう】
意味 肛門から薬液を注入すること。
用例 消毒液を使って乳児4人にかん腸　長野赤十字病院で医療ミス〈読売03・5・24朝〉

**かん通**【姦通・かんつう】
意味 道徳に背いた男女の交わり。特に配偶者以外との性的関係。
用例 アラブで既婚女性と密会した男をかん通罪でムチ打ち、禁固の刑〈毎日新聞92・8・11夕〉

**かん難**【艱難・かんなん】
意味 困難に出会って、苦しみ悩むこと。また、苦しみや悩み。
用例 かん難にあってはじめて親友を知る〈毎日02・10・12夕〉

**干ばつ**【干魃・かんばつ】
意味 日照り。水不足。
用例 干ばつに悩む内モンゴル救いたい〈河北05・11・8〉

**完ぺき**【完璧・かんぺき】
意味 全く欠点がないこと。
用例 ほぼ完ぺきな独走V〈毎日

05・11・8地〉

**かん木**【灌木・かんぼく】
意味　枝がむらがり生える低木。
用例　かん木植え、砂と戦う〈朝日01・1・25地〉

**がん味**【玩味（翫味）・がんみ】
意味　食物をよく味わうこと。転じて、内容をよく理解して味わうこと。
用例　歌曲演奏家もまた詩を熟読がん味して〈毎日01・3・28夕〉

**かん養**【涵養・かんよう】
意味　じっくりと養い育てること。
用例　都市圏の生活を支える地下水をかん養する林を育てよう〈読売05・10・15朝〉

**貫ろく**【貫禄・かんろく】
意味　身に備わった威厳や風格。
用例　英国出身の貫ろくある紳士〈朝日04・6・8地〉

## き

**義きょう心**【義侠心・ぎきょうしん】
意味　正義を愛し、弱い者を助ける気性。
用例　礼儀、人間としての筋、正義感、義きょう心の象徴〈毎日03・2・23朝〉

**飢きん**【飢饉・ききん】
意味　農作物が不作で、極端に食糧が不足すること。
用例　天明の大飢きんしのび「焼き餅会」〈毎日02・3・4地〉

**危ぐ**【危惧・きぐ】
意味　物事の経過や結果を心配し、恐れること。
用例　ウミガメ影響危ぐ　保全に意見書28件〈朝日05・11・11地〉

**寄ぐう**【寄寓・きぐう】
意味　一時的に他人の家に身を寄せること。また、仮の住まい。
用例　東大寺に寄ぐうして仏像や堂塔を描いた〈毎日90・7・15朝〉

**揮ごう**【揮毫・きごう】
意味　筆をふるうこと。毛筆で書や絵を書くこと。
用例　歌碑：故塚本邦雄氏が揮ごう〈毎日05・11・11地〉

**旗し**【旗幟・きし】
意味　旗とのぼり。旗印。転じて、態度や主張。
用例　旗し鮮明に動乱に反対しなければならない〈北海道89・4・27朝〉

**帰すう**【帰趨・きすう】
意味　結果として当然のように落ち着くこと。また、落ち着く所。
用例　夏の参院選帰すう占う〈西日本04・4・11朝〉

**き然**【毅然・きぜん】
意味　強くしっかりとしていて、

びくともしないさま。

用例 き然とした判断を〈読売05・5・7朝〉

## き損【毀損・きそん】

意味 壊れ、損なわれること。また、壊すこと。傷つけること。

用例 名誉き損の疑い〈朝日01・10・28地〉

## 危たい【危殆・きたい】

意味 きわめて危険なこと。

用例 会社財産危たい罪〈東京00・5・18夕〉

## 忌たん【忌憚・きたん】

意味 忌み嫌うこと。また、はばかって遠慮すること。

用例 ぜひ支援と理解、忌たんのない批判を〈毎日05・10・6地〉

## き帳面【几帳面・きちょうめん】

意味 性格や行動が、きちんとしていること。

用例 粘り強く、き帳面な性格〈朝日01・7・5地〉

## きっ抗【拮抗・きっこう】

意味 同じ程度の力で、対抗して競い合うこと。

用例 「郵政」の賛否はきっ抗〈朝日05・9・13地〉

## きつ立【屹立・きつりつ】

意味 そびえ立つこと。

用例 花こう岩の72峰がきつ立する〈読売05・4・8朝〉

## 祈とう【祈禱・きとう】

意味 神仏に祈ること。また、その儀式。

用例 祈とう師宅6人殺害〈読売05・9・7朝〉

## 欺まん【欺懣（欺瞞）・ぎまん】

意味 あざむき、だますこと。

用例 識者の欺まん性、次々論破〈読売05・5・18夕〉

## き憂【杞憂・きゆう】

意味 無用の心配。

用例 事前の懸念 き憂に終わり〈北海道05・8・23朝〉

## きゅう覚【嗅覚・きゅうかく】

意味 においをかぎ分ける感覚。

用例 需要探る鋭いきゅう覚〈北海道05・1・14朝〉

## 急きょ【急遽・きゅうきょ】

意味 あわただしく、急いで。

用例 実行委が急きょ評価〈南日本05・11・2朝〉

## きゅう歯【臼歯・きゅうし】

意味 奥歯。うすの形をしているので言う。

用例 下あごの骨ときゅう歯2本〈毎日05・8・12地〉

## きゅう舎【厩舎・きゅうしゃ】

意味 馬小屋。

用例 成績が悪いきゅう舎〈毎日05・2・25夕〉

## 急しゅん【急峻・きゅうしゅん】

意味 傾斜が急で、けわしいこと。

用例 急しゅんな坂に四苦八苦〈読売04・2・2夕〉

**きゅう敵**【仇敵・きゅうてき】

意味 恨みの深い相手。

用例 旧田中派VS旧福田派以来のきゅう敵〈毎日01・4・24朝〉

**狭あい**【狭隘・きょうあい】

意味 狭苦しいこと。

用例 市南部の狭あい地〈毎日03・5・14地〉

**驚がく**【驚愕・きょうがく】

意味 非常に驚くこと。

用例 驚がく、あぜん、憤り〈琉球05・7・6朝〉

**きょう雑物**【夾雑物・きょうざつぶつ】

意味 混じり込んだ、余計なもの。

用例 周辺のきょう雑物が消えてゆけば〈北海道02・5・18朝〉

**強じん**【強靱・きょうじん】

意味 しなやかで強いこと。

用例 強じんな体で攻撃抑え込む〈朝日05・5・7地〉

**競そう**【競漕・きょうそう】

意味 ボートレース。

用例 萩で和船競そう〈読売02・6・3朝〉

**教べん**【教鞭・きょうべん】

意味 教師が教場で使うむち。

用例 別の学校で教べん〈毎日05・5・3地〉

**きょう慢**【驕慢・きょうまん】

意味 おごり高ぶって、人を見下すこと。また、その態度。

用例 厚顔無恥ときょう慢な姿勢〈毎日98・6・24夕〉

**橋りょう**【橋梁・きょうりょう】

意味 交通のための橋。

用例 橋りょうに看板が衝突〈毎日05・10・9地〉

**虚心たん懐**【虚心坦懐・きょしんたんかい】

意味 心にわだかまりがなく、落ち着いているさま。

用例 虚心たん懐に冷静に話し合って〈中国01・12・11朝〉

**き裂**【亀裂・きれつ】

意味 亀の甲の模様のような割れ目。転じて、人間関係のひび割れ。

用例 自民内き裂深まる〈西日本90・4・10朝〉

**きん差**【僅差・きんさ】

意味 ごくわずかの違い。

用例 2候補、きん差の戦いか〈毎日05・6・25朝〉

**きん獣**【禽獣・きんじゅう】

意味 鳥とけだもの。

用例 天敵であるきん獣類から〈朝日01・10・27地〉

**きん少**【僅少・きんしょう】

意味 きわめてわずかなこと。

用例 きん少差の厳しい試合〈神戸03・3・15夕〉

**きん然**【欣然・きんぜん】

意味 心から喜ぶさま。

用例 きん然として、戦いのコマ

を進める〈産経99・2・10朝〉

**金ぱく**【金箔・きんぱく】
意味 紙のように薄くたたき延ばした金。
用例 金ぱくと銀ぱく振りかけたチョコレート〈読売05・9・4朝〉

## く

**ぐう居**【寓居・ぐうきょ】
意味 仮の住居。自宅をへりくだって言う場合もある。
用例 龍馬がぐう居としたのは〈中国02・10・2朝〉

**空げき**【空隙・くうげき】
意味 物と物とのすきま。
用例 体を張ってつくった空げきに〈神戸02・1・1朝〉

**空てい**【空挺・くうてい】
意味 地上部隊を航空機で敵地に運び込むこと。
用例 陸自第一空てい団訓練始め〈産経01・1・15朝〉

**ぐう話**【寓話・ぐうわ】
意味 教訓や諷刺などを、動物などに託して作った物語。
用例 沖縄戦の記憶ぐう話風に〈読売04・10・1夕〉

**愚まい**【愚昧・ぐまい】
意味 おろかで、道理をわきまえないこと。
用例 愚まいな武将〈読売03・2・28朝〉

**苦もん**【苦悶・くもん】
意味 苦しみ、もだえること。また、その苦しみ。
用例 被害者の親族ら、苦もん〈毎日05・8・25朝〉

**愚ろう**【愚弄・ぐろう】
意味 人をばかにして、からかうこと。
用例 まさに二枚舌、国民を愚ろう〈朝日01・3・11朝〉

**くん製**【燻製・くんせい】
意味 塩漬けした肉などを、煙でいぶして乾燥させた食品。
用例 釣った魚、くん製に〈毎日05・3・29地〉

## け

**形がい**【形骸・けいがい】
意味 精神を失った体。また、建物の骨組み。実質的な価値や意味を失ったもののたとえ。
用例 会計制度の形がい化懸念〈読売05・9・14朝〉

**けい眼**【炯眼・けいがん】
意味 鋭く光る目。転じて、鋭く見通す力。
用例 自らのけい眼と強運〈毎日04・1・10朝〉

**芸ぎ**【芸妓・げいぎ】
意味 歌舞・音曲などで宴席に興

を添える女性。
用例 黒留袖の芸ぎ〈北國03・1・27朝〉

**敬けん**【敬虔・けいけん】
意味 深く慎み、敬うさま。また、その態度。
用例 光の中 信者ら敬けんに〈北海道04・4・12夕〉

**けい古**【稽古・けいこ】
意味 練習を重ねること。また、練習。
用例 獅子舞、けい古に励む〈毎日01・12・20地〉

**けい紙**【罫紙・けいし】
意味 等間隔に直線を引いた用紙。
用例 手紙は巻紙やけい紙に書かれ〈読売05・8・2朝〉

**軽ちょう浮薄**【軽佻浮薄・けいちょうふはく】
意味 落ち着きがなく、軽々しいこと。
用例 軽ちょう浮薄な社会風潮〈毎日03・11・7地〉

**けい動脈**【頸動脈・けいどうみゃく】
意味 首の左右にある太い血管。
用例 けい動脈の血栓を取り除く手術〈毎日05・9・8地〉

**軽べつ**【軽蔑・けいべつ】
意味 ばかにすること。
用例 軽べつ受ける自尊心のなさ〈産経01・6・19朝〉

**啓もう**【啓蒙・けいもう】
意味 無知な状態から救い出すべく、教え導くこと。
用例 がん予防啓もう、33年前から実践〈朝日05・9・1朝〉

**経りん**【経綸・けいりん】
意味 国を経営して治めること。また、その方法。
用例 天下国家をどうするか抱負、経りんを聞きたい〈毎日91・9・30朝〉

**げき文**【檄文・げきぶん】
意味 意見・主張を強く訴え、同調・決起を促す文書。
用例 不信任案〝支援〟へ「げき文」〈読売02・7・5朝〉

**逆りん**【逆鱗・げきりん】
意味 竜ののど元にある逆さに生えたうろこ。触れた人は必ず殺されるという。転じて、目上の人の怒り。
用例 内容が当局の「逆りんに触れた」ことが原因〈読売02・7・8夕〉

**血こん**【血痕・けっこん】
意味 血のあと。付着した血。
用例 犯罪捜査の血こん鑑定〈読売04・8・20朝〉

**けん引**【牽引・けんいん】
意味 引っ張ること。
用例 元日本代表のミラー、NTTドコモ関西けん引〈読売05・11・8夕〉

**研さん【研鑽・けんさん】**
意味 深く学習し、研究すること。
用例 重ねた研さん、後進育成〈朝日05・3・28朝〉

**けん銃【拳銃・けんじゅう】**
意味 片手で操作できる小型の銃。ピストル。
用例 自殺：大阪の男性がけん銃で〈毎日05・9・23地〉

**けん制【牽制・けんせい】**
意味 監視・威圧などによって、相手を抑えつけること。
用例 量的緩和解除、日銀をけん制〈毎日05・11・14朝〉

**けん責【譴責・けんせき】**
意味 とがめ責めること。
用例 高度誤認飛行の機長をけん責処分〈読売05・7・22朝〉

**けん騒【喧騒・けんそう】**
意味 ひどく騒がしいこと。
用例 第二の人生 けん騒離れ、新たな挑戦〈読売05・3・2朝〉

**謙そん【謙遜・けんそん】**
意味 へりくだって、控えめなこと。
用例 謙そん？それとも…「私、美人じゃない」日本人が最多〈毎日05・5・7夕〉

**けん怠【倦怠・けんたい】**
意味 飽きて嫌になること。また、疲れてだるいこと。
用例 主婦、けん怠感訴え〈毎日05・5・28地〉

**健たん【健啖・けんたん】**
意味 食欲旺盛でよく食べること。
用例 一度に2、3個は食べる健たんぶり〈毎日03・10・31夕〉

**けん伝【喧伝・けんでん】**
意味 やかましいほどに宣伝すること。
用例 「支援活動を妨害している」とけん伝する〈読売05・1・13朝〉

**けん土重来【捲土重来・けんどちょうらい】**
意味 一度敗れた者が、再び勢いを盛り返すこと。
用例 心機一転 けん土重来 あなたは？〈毎日02・4・2地〉

**けん盤【鍵盤・けんばん】**
意味 ピアノ・タイプライターなどの指でたたく部分。
用例 小学生にけん盤ハーモニカ贈呈〈朝日01・5・11地〉

**堅ろう【堅牢・けんろう】**
意味 丈夫で、壊れにくいこと。
用例 業務用に使われている丈夫な堅ろう型〈読売05・1・26朝〉

## こ

**語い【語彙・ごい】**
意味 ある分野で用いられる語の全体。

用例 語いを増やしたかった〈毎日05・3・5朝〉

**後えい**【後裔・こうえい】

意味 子孫。

用例 ドン・キホーテの後えい〈毎日05・3・17夕〉

**ごう音**【轟音・ごうおん】

意味 とどろきわたる大きな音。

用例 ごう音響く中、安全性を強調〈読売05・11・7朝〉

**こう慨**【慷慨・こうがい】

意味 激しくいきどおり、嘆くこと。

用例 無秩序状態に悲憤こう慨〈読売04・9・25朝〉

**ごう岸**【傲岸・ごうがん】

意味 おごり高ぶっていること。また、その態度。

用例 自国のスタイルを押しつけるごう岸さ〈毎日01・4・19地〉

**こう矢**【嚆矢・こうし】

意味 かぶら矢。転じて、物事の始め。

用例 窓をあける、こう矢とするために〈朝日89・4・17地〉

**好じ**【好餌・こうじ】

意味 よい餌。手ごろなえじき。転じて、人をうまく誘い出す手段。

用例 計画はハイエナの好じとなった〈北海道88・11・5朝〉

**豪しゃ**【豪奢・ごうしゃ】

意味 非常にぜいたくで、派手なこと。

用例 豪しゃな住宅〈読売04・8・1朝〉

**こう然**【昂然・こうぜん】

意味 自信にあふれ、意気盛んなさま。

用例 逮捕されてもなおこう然と〈毎日93・5・25夕〉

**ごう然**【傲然・ごうぜん】

意味 人を見下して、へりくだらないさま。

用例 ごう然と陳述台に立ち〈毎日96・5・24朝〉

**巧ち**【巧緻・こうち】

意味 巧みで細部までよくできていること。

用例 巧ちな手技と独創的な表現〈北國02・5・8朝〉

**こう着**【膠着・こうちゃく】

意味 にかわのように粘り着くこと。転じて、ある事態が固定したままで、ほとんど進展しないこと。

用例 トルコ加盟交渉巡りこう着〈読売05・10・3夕〉

**ごう沈**【轟沈・ごうちん】

意味 艦船が攻撃されて、一瞬のうちに沈没すること。

用例 乗員とともにごう沈して〈毎日01・2・10地〉

**荒唐無けい**【荒唐無稽・こうとうむけい】

意味 でたらめなこと。

用例 荒唐無けいさを楽しもう〈読売03・11・12夕〉

**こう配【勾配・こうばい】**
意味 水平面に対する傾斜の度合い。また、斜面。
用例 急こう配、車いす危険〈朝日01・10・24地〉

**光ぼう【光芒・こうぼう】**
意味 筋状に見える光線。
用例 きつね火のような光ぼう〈高知04・8・13夕〉

**高まい【高邁・こうまい】**
意味 気高く、優れていること。
用例 高まいな意志の結晶〈中日01・1・23朝〉

**ごう慢【傲慢・ごうまん】**
意味 おごり高ぶって、人を見下すこと。また、そのさま。
用例 不平等がテロの根源に「ごう慢」な米〈中国05・1・9朝〉

**こう薬【膏薬・こうやく】**
意味 外傷・はれものなどにつける、あぶらで練った薬。
用例 妻にこう薬を塗る夫〈神戸02・6・27朝〉

**古さつ【古刹・こさつ】**
意味 由緒のある古い寺。
用例 源氏物語ゆかり須磨の古さつ〈神戸02・10・13朝〉

**午さん【午餐・ごさん】**
意味 昼食。
用例 クリスマス午さん会〈西日本01・12・26朝〉

**古色そう然【古色蒼然・こしょくそうぜん】**
意味 長い年月を経て、いかにも古めかしく見えるさま。
用例 古色そう然と残る石垣や階段〈毎日04・6・4地〉

**こ息【姑息・こそく】**
意味 根本的な解決を図らず、一時の間に合わせをすること。
用例 罰則を設けるのは、こ息なやり方だ〈朝日01・10・19朝〉

**こつ然【忽然・こつぜん】**
意味 思いがけない事態が急に起こるさま。
用例 こつ然と消えた女流スター〈読売04・6・6朝〉

**骨とう【骨董・こっとう】**
意味 価値のある古道具。
用例 旧甲州街道沿い、屋台に骨とう品〈読売05・10・23朝〉

**こ塗【糊塗・こと】**
意味 うわべだけ取り繕うこと。
用例 目先の財源の不足をこ塗する〈朝日99・6・4朝〉

**誤びゅう【誤謬・ごびゅう】**
意味 誤り。間違い。
用例 一点の誤びゅうもない〈読売02・2・16朝〉

**固ろう【固陋・ころう】**
意味 かたくなで、道理に暗いこと。
用例 頑迷固ろうな老人〈読売04・7・9夕〉

**こ惑的**【蠱惑的・こわくてき】
意味　あやしい魅力にあふれたさま。
用例　こ惑的な魅力にとりつかれた〈京都05・4・22朝〉

**こん身**【渾身・こんしん】
意味　からだ全体。
用例　びいどろ、こん身の復元〈読売05・6・19朝〉

**こん睡**【昏睡・こんすい】
意味　深く眠り込むこと。また、意識が完全に失われた状態。
用例　こん睡強盗：懲役10年を求刑〈毎日05・11・15地〉

**こん然**【渾然・こんぜん】
意味　混じり合い、溶け合って一つにまとまるさま。
用例　悲しみと希望がこん然と溶け合う〈毎日04・6・3夕〉

**こん倒**【昏倒・こんとう】
意味　急に目がくらんで倒れること。
用例　作業員こん倒事故、酸欠が原因〈読売04・3・29朝〉

**混とん**【混沌・こんとん】
意味　入り交じって区別がつかないさま。また、成り行きが分からないさま。
用例　J1昇格争い混とん〈読売05・11・9朝〉

**こん棒**【棍棒・こんぼう】
意味　手で振り回すのにほどよい長さの木の棒。
用例　こん棒や覆面、おの、カツラ〈産経01・7・18夕〉

**こん包**【梱包・こんぽう】
意味　紙などで包み、ひもなどをかけて荷造りすること。
用例　さよならマンモス　サハ共和国に返却、こん包作業始まる〈毎日05・9・28夕〉

## さ

**才えん**【才媛・さいえん】
意味　才知の豊かな女性。
用例　いずれ劣らぬ才えん、実力者ぞろい〈神戸01・4・27朝〉

**才気かん発**【才気煥発・さいきかんぱつ】
意味　すぐれた才知が盛んに発揮されること。
用例　聡明にして才気かん発〈産経01・11・22夕〉

**さい疑心**【猜疑心・さいぎしん】
意味　人の言動をねたみ疑う心。
用例　さい疑心に満ちている〈読売03・2・1朝〉

**祭し**【祭祀・さいし】
意味　神や祖先をまつること。
用例　祭しを知る上で貴重〈毎日96・3・16地〉

**さい銭**【賽銭・さいせん】
意味 神社・仏閣に参詣するときに奉納する金銭。
用例 記録魔さい銭盗、ノートに１００件〈朝日05・11・4夕〉

**さい配**【采配・さいはい】
意味 昔、戦争を指揮するのに用いた道具。
用例 初さい配に４７００人わく〈読売05・11・14朝〉

**錯そう**【錯綜・さくそう】
意味 複雑に入り混じること。
用例 市議選に思惑錯そう〈朝日05・2・28地〉

**さく裂**【炸裂・さくれつ】
意味 激しく爆発して、破片などが飛び散ること。
用例 爆弾２発さく裂〈読売05・10・16朝〉

**さ細**【些細（瑣細）・ささい】
意味 わずかなさま。取るに足りないさま。
用例 さ細なことも通報を〈朝日01・1・12地〉

**さ事**【些事（瑣事）・さじ】
意味 取るに足りない物事。
用例 身辺さ事を詠んだもの〈毎日00・2・3地〉

**ざ折**【挫折・ざせつ】
意味 中途でくじけ、だめになること。
用例 バンドにもざ折して投げやりの生活〈北海道01・11・28夕〉

**殺りく**【殺戮・さつりく】
意味 多くの人を殺すこと。
用例 戦争は殺りくと破壊だけ〈読売05・8・16朝〉

**さ末**【瑣末（些末）・さまつ】
意味 とるに足りないちょっとしたこと。
用例 さ末な議論になりかねない〈読売04・7・17夕〉

**砂れき**【砂礫・されき】
意味 砂と小石。
用例 コマクサ　砂れきの中、鮮やかなピンク〈東京03・6・26朝〉

**残がい**【残骸・ざんがい】
意味 捨て置かれた死体。転じて、破壊されたまま残されたもの。
用例 沈下コンテナ　１つは船の残がい〈読売05・9・27朝〉

**三角きん**【三角巾・さんかくきん】
意味 頭巾として用いる三角形の布。
用例 三角きんでさるぐつわ〈毎日01・11・21夕〉

**参けい**【参詣・さんけい】
意味 寺社にお参りすること。
用例 霊慰めに、多くの参けい者〈毎日01・8・23地〉

**ざん言**【讒言・ざんげん】
意味 人を陥れるために、事実を曲げて悪く言うこと。
用例 ざん言により大宰府へ流される〈毎日02・3・26夕〉

**ざん殺**【斬殺・ざんさつ】
意味 刃物で切り殺すこと。
用例 またも黒田氏にざん殺され〈西日本02・11・8朝〉

**残し**【残滓・ざんし】
意味 あとに残ったかす。
用例 全体主義の残しである〈産経93・10・13朝〉

**ざん新**【斬新・ざんしん】
意味 着想や趣向などが、きわめて新しいさま。
用例 大胆ざん新な「POP　ART」〈読売05・4・4朝〉

**さん然**【燦然・さんぜん】
意味 鮮やかにきらめくさま。
用例 松山の由来　胸にさん然〈北海道01・6・11夕〉

**惨たん**【惨憺（惨澹）・さんたん】
意味 きわめて痛ましく、みじめなさま。また、心を砕いて苦労するさま。
用例 首相退陣迫る　『政策惨たん』〈東京02・12・10朝〉

**参ろう**【参籠・さんろう】
意味 寺社にある期間宿泊して、祈願すること。
用例 参ろうした僧〈毎日96・4・20地〉

**山ろく**【山麓・さんろく】
意味 山のふもと。
用例 大山山ろく出身〈毎日05・11・16地〉

## し

**し意**【恣意・しい】
意味 自分勝手な考え。気ままな意志。
用例 入札からし意的に排除〈毎日02・9・20地〉

**私えん**【私怨・しえん】
意味 個人的なうらみ。
用例 私えんと公約を混同するやから〈毎日05・9・21地〉

**死がい**【死骸・しがい】
意味 死んだ人や動物の骨。
用例 グラスの底からサソリの死がい〈読売05・10・18朝〉

**し緩**【弛緩・しかん】
意味 たるみ、ゆるむこと。
用例 劇薬の筋し緩剤などの所在が不明〈毎日01・6・8地〉

**し好品**【嗜好品・しこうひん】
意味 味や香りなどを楽しむための飲食物。
用例 し好品の果物の買い控え〈西日本03・3・3朝〉

**刺しゅう**【刺繍・ししゅう】
意味 色のついた糸などで、布地に絵や模様を縫い表すこと。
用例 繊細、中国刺しゅう〈読売05・9・28朝〉

**自ちょう**【自嘲・じちょう】
意味 自分で自分を軽蔑すること。

用例 自ちょうの声〈中国03・6・27朝〉

**湿しん【湿疹・しっしん】**
意味 皮膚の表面にできる炎症。
用例 胸部に赤い湿しん〈毎日02・9・20地〉

**しっ責【叱責・しっせき】**
意味 しかり、責めること。
用例 理不尽なしっ責で助教授処分〈毎日05・6・18夕〉

**失そう【失踪・しっそう】**
意味 行方をくらますこと。
用例 当事者失そう、近く告訴へ〈読売05・3・25朝〉

**執よう【執拗・しつよう】**
意味 ねばり強く、しつこいさま。
用例 女子中生に執ように声かけ〈読売05・2・3朝〉

**し尿【屎尿・しにょう】**
意味 大便と小便。
用例 し尿処理施設入札〈朝日05・11・3地〉

**し摩憶測【揣摩憶測・しまおくそく】**
意味 自分の心で他人の心を勝手に推量すること。当て推量。
用例 し摩憶測を呼びかねない〈北海道88・10・5朝〉

**四面そ歌【四面楚歌・しめんそか】**
意味 四方から聞こえる楚の地方の歌。四方を敵に囲まれて、孤立無援の状態にあるたとえ。
用例 表明と同時「四面そ歌」〈中国03・2・7朝〉

**しゃく熱【灼熱・しゃくねつ】**
意味 焼けて、きわめて熱くなること。
用例 しゃく熱下、隊員の疲れいやす〈西日本05・10・8朝〉

**しゃ脱【洒脱・しゃだつ】**
意味 洗練されていて俗気のないこと。
用例 軽妙しゃ脱な絵を数多く残した〈京都05・5・5朝〉

**じゃっ起【惹起・じゃっき】**
意味 問題や事件などを引き起こすこと。
用例 不正競争防止法違反（混同じゃっ起行為）〈中国02・11・20朝〉

**しゃ婆【娑婆・しゃば】**
意味 悩みや苦しみに満ちた人間の世界。転じて、一般の人々が暮らす普通の世界。
用例 被告を迎えるしゃ婆の空気〈産経96・12・15朝〉

**遮へい【遮蔽・しゃへい】**
意味 おおい隠すこと。
用例 法廷の遮へいを弁護団申し入れ〈産経05・10・15朝〉

**終えん【終焉・しゅうえん】**
意味 死に臨むこと。転じて、物事の終わり。
用例 「戦後」の終えん象徴〈読売05・9・20朝〉

**しゅう恥**【羞恥・しゅうち】
意味 恥ずかしく感じること。
用例 性的しゅう恥心〈東京01・11・8朝〉

**充てん**【充塡・じゅうてん】
意味 すきまなどに、物をつめて充たすこと。
用例 牛乳紙容器充てん機開発〈朝日05・7・16地〉

**収れん**【収斂・しゅうれん】
意味 縮んで引き締まること。また、集まって一つになること。
用例 来年には29市町に収れん〈毎日05・4・25地〉

**首かい**【首魁・しゅかい】
意味 悪者の親分。張本人。
用例 妖術師の首かい〈朝日96・12・1朝〉

**じゅ文**【呪文・じゅもん】
意味 まじないの文句。
用例 じゅ文を考え、つらさを克服〈朝日01・2・2朝〉

**手りゅう弾**【手榴弾・しゅりゅうだん】
意味 手で投げる小型の爆弾。
用例 手りゅう弾2個が漂着、陸自処理〈読売05・11・6朝〉

**しゅん拒**【峻拒・しゅんきょ】
意味 厳しく断ること。
用例 それを支持する勢力をしゅん拒する〈毎日91・10・4夕〉

**しゅん工**【竣工・しゅんこう】
意味 工事が完了すること。
用例 しゅん工式〈毎日04・3・16地〉

**しゅん巡**【逡巡・しゅんじゅん】
意味 ぐずぐずと、ためらうこと。
用例 出馬に「しゅん巡している」〈西日本05・3・8朝〉

**しゅん動**【蠢動・しゅんどう】
意味 虫などがうごめくこと。転じて、取るに足らぬものがかげで騒ぎ動くこと。
用例 政党再編へのしゅん動〈毎日02・5・18朝〉

**しゅん別**【峻別・しゅんべつ】
意味 厳しく区別すること。
用例 公共事業のしゅん別図る〈毎日04・9・8地〉

**しゅん馬**【駿馬・しゅんめ】
意味 足の速い、非常に優れた馬。
用例 スピード感あふれるしゅん馬〈毎日02・1・5地〉

**傷い軍人**【傷痍軍人・しょういぐんじん】
意味 戦争または公務で傷病に陥った軍人。
用例 福島県で開かれる傷い軍人全国大会〈毎日01・9・13地〉

**焼い弾**【焼夷弾・しょういだん】
意味 建造物を焼き払う爆弾。
用例 焼い弾 横浜・緑区で発見〈朝日01・10・10地〉

**しょう戒**【哨戒・しょうかい】

意味 警戒して見張ること。
用例 沿岸のしょう戒に出た巡視船〈琉球03・4・12朝〉

**消火せん【消火栓・しょうかせん】**
意味 火を消すための液体などが入った管の開閉装置。
用例 消火せんの浮き上がり〈読売05・1・13夕〉

**賞じゅつ金【賞恤金・しょうじゅつきん】**
意味 公務で負傷・殉職した公務員などをたたえて贈る金銭。
用例 殉職2消防士に特別功労賞、遺族には特別賞じゅつ金交付〈毎日03・11・19地〉

**じょう舌【饒舌・じょうぜつ】**
意味 口数の多いこと。
用例 首相のじょう舌　森氏がクギ刺す〈東京05・4・20朝〉

**しょう然【悄然・しょうぜん】**
意味 しょんぼりするさま。
用例 「こんな形でシーズンを終えたくなかった」としょう然としていた〈毎日04・11・13朝〉

**焼ちゅう【焼酎・しょうちゅう】**
意味 蒸留酒の一種。
用例 直前に焼ちゅうグイッ〈読売02・1・26朝〉

**常とう手段【常套手段・じょうとうしゅだん】**
意味 ありふれた方法。
用例 北朝鮮、米の譲歩狙う「常とう手段」日米冷静〈読売05・9・15朝〉

**しょう脳【樟脳・しょうのう】**
意味 クスノキを蒸留して作った無色半透明の結晶。防虫剤などを作るのに用いられる。
用例 防虫剤のしょう脳〈毎日02・10・25地〉

**焦び【焦眉・しょうび】**
意味 眉を焦がすこと。危険が身に迫っているたとえ。
用例 合従連衡は焦びの急で〈山形01・6・29夕〉

**招へい【招聘・しょうへい】**
意味 礼を尽くして人を招くこと。
用例 顧問に旧大蔵省・藤倉基晴氏を招へい〈読売05・9・15朝〉

**しょう油【醤油・しょうゆ】**
意味 小麦・大豆を主原料として作られた液体調味料。
用例 しょう油蔵など22件〈読売02・3・26朝〉

**しょく罪【贖罪・しょくざい】**
意味 犠牲や代償によって、犯した罪をつぐなうこと。
用例 しょく罪の道はない〈毎日02・9・6地〉

**しょ光【曙光・しょこう】**
意味 夜明けの光。転じて、明るい前途。
用例 不幸な迷路から抜け出すしょ光〈毎日94・7・22朝〉

**所せん【所詮・しょせん】**

意味 つまり。結局。

用例 所せんは気分の問題だ〈中日02・8・16朝〉

**しょっ光**【燭光・しょっこう】

意味 ともし火の光。また、明るさの単位。

用例 約1しょっ光の強さの光源〈朝日85・10・15朝〉

**処方せん**【処方箋・しょほうせん】

意味 医師が病状に応じて指示する薬についての書き付け。

用例 心の病、手紙が処方せん〈朝日05・9・14地〉

**じ来**【爾来・じらい】

意味 それ以後。

用例 じ来、わが国は、大綱に従って防衛力の整備を進めてきた〈産経95・11・29朝〉

**し烈**【熾烈・しれつ】

意味 盛んで激しいこと。

用例 賞金女王争い、し烈に〈毎日05・9・17朝〉

**深えん**【深淵・しんえん】

意味 深いふち。転じて、底知れないことや、危険な立場。

用例 人間の深えんに迫りたい〈西日本02・2・27夕〉

**震がい**【震駭・しんがい】

意味 震え上がらせること。

用例 結果的には世界を震がいさせ〈朝日89・9・20夕〉

**震かん**【震撼・しんかん】

意味 震え上がること。

用例 議会汚染、首都震かん〈朝日01・10・18朝〉

**針きゅう**【針灸・しんきゅう】

意味 漢方で、針を打ったり、灸を据えたりする治療法。

用例 針きゅう・マッサージ師、半世紀〈毎日03・1・30地〉

**しん吟**【呻吟・しんぎん】

意味 うめき声を上げて苦しむこと。

用例 病院でしん吟していた〈毎日04・12・1朝〉

**真し**【真摯・しんし】

意味 きわめてまじめなこと。また、ひたむきで真剣なさま。

用例 真しに受け止め〈毎日04・6・24地〉

**しん酌**【斟酌・しんしゃく】

意味 相手の事情や心情などをくみ取ること。

用例 被害者の母しん酌の言葉〈産経01・6・7朝〉

**親せき**【親戚・しんせき】

意味 血縁・婚姻などの関係によってつながっている人々。

用例 刃物で親せき刺す〈読売05・2・9朝〉

**じん臓**【腎臓・じんぞう】

意味 背骨の両側に一対ある、泌尿器系の臓器。

用例 妻からじん臓移植〈毎日01・5・1地〉

**じん帯**【靭帯・じんたい】

意味 関節を保護し、その運動を制御する、繊維状の組織。

用例 じん帯断裂〈読売05・10・18朝〉

**真ちゅう【真鍮・しんちゅう】**

意味 銅と亜鉛との合金。

用例 真ちゅう製の精巧な作り〈毎日05・8・4地〉

**進ちょく【進捗・しんちょく】**

意味 進み、はかどること。

用例 調査進ちょく7％〈読売05・9・30朝〉

**信ぴょう性【信憑性・しんぴょうせい】**

意味 どれくらい信用できるかの程度。

用例 揺らぐ信ぴょう性〈読売05・6・1朝〉

**人ぷん【人糞・じんぷん】**

意味 人間の大便。

用例 逆恨みで人ぷんまいた女〈毎日02・6・19夕〉

**親ぼく【親睦・しんぼく】**

意味 仲よく親しみ合うこと。

用例 秋の親ぼく句会〈毎日05・11・16地〉

**辛らつ【辛辣・しんらつ】**

意味 きわめて手厳しいこと。

用例 辛らつで笑いあふれる〈朝日05・7・3朝〉

## す

**推こう【推敲・すいこう】**

意味 詩文などの字句を、よく練り直すこと。

用例 推こう跡残る貴重資料〈読売01・5・9朝〉

**すい星【彗星・すいせい】**

意味 太陽系の天体の一つ。ほうき星。

用例 衝撃弾命中のすい星〈毎日05・7・27朝〉

**すい臓【膵臓・すいぞう】**

意味 胃の背中側にある消化腺。

用例 すい臓のたんぱく質、インスリン分泌抑制〈読売05・10・12朝〉

**推たい【推戴・すいたい】**

意味 推しいただくこと。特にある地位にあがめ迎えること。

用例 名誉市民の推たいに続き〈読売02・2・13朝〉

**推ばん【推輓（推挽）・すいばん】**

意味 人をある地位に推薦すること。

用例 皆さんの推ばん（推挙）を受けて立つ〈毎日01・4・17朝〉

**すう勢【趨勢・すうせい】**

意味 ある方向に進んでいこうとする勢い。

用例 世界のすう勢〈朝日01・1・22地〉

**頭がい骨【頭蓋骨・ずがいこつ】**

意味 頭部を構成する骨の総称。

用例　白骨化した頭がい骨見つかる〈毎日05・10・23地〉

**頭きん**【頭巾・ずきん】
意味　頭や顔を覆うかぶりもの。
用例　防災頭きんを配布〈静岡04・12・9朝〉

**寸ごう**【寸毫・すんごう】
意味　きわめてわずかなこと。
用例　寸ごうの疑いも有していない〈朝日91・9・4地〉

## せ

**精かん**【精悍・せいかん】
意味　勇ましく、鋭い気迫にあふれているさま。
用例　渋谷より精かんで律義〈毎日04・9・8夕〉

**正こく**【正鵠・せいこく】
意味　物事の急所。要点。
用例　正こくを射るコンセプト〈読売03・12・19夕〉

**せい惨**【凄惨・せいさん】
意味　目をそむけるほど、むごたらしいこと。
用例　残忍、せい惨な犯行〈読売03・9・3夕〉

**ぜい弱**【脆弱・ぜいじゃく】
意味　もろく弱いこと。
用例　ぜい弱な東京市場直撃〈朝日01・9・12夕〉

**清そ**【清楚・せいそ】
意味　清らかで美しいさま。
用例　清そな姿、東洋ラン〈朝日02・3・24地〉

**ぜい沢**【贅沢・ぜいたく】
意味　程度を越えて、費用をかけること。
用例　ぜい沢な空間自分の部屋〈毎日03・12・4地〉

**精ち**【精緻・せいち】
意味　非常に綿密なさま。
用例　精ちな版画16点〈北海道03・7・22夕〉

**整とん**【整頓・せいとん】
意味　片づけが行き届いていること。
用例　デスクトップ　整理整とんが大事〈読売02・9・15朝〉

**ぜい肉**【贅肉・ぜいにく】
意味　必要以上についてしまった、筋肉や脂肪。
用例　心身の「ぜい肉」落とす尼僧体験〈読売01・8・30朝〉

**静ひつ**【静謐・せいひつ】
意味　静かでおだやかなこと。
用例　静ひつ神域　結婚ご報告〈読売93・6・26夕〉

**清れつ**【清冽・せいれつ】
意味　非常に清らかで冷たいこと。
用例　物音ない清れつな空気〈読売05・8・18朝〉

**せき学**【碩学・せきがく】
意味　きわめて学識が高い学者。

用例 交換教授として招かれたせき学〈朝日90・3・26夕〉

**せき髄**【脊髄・せきずい】
意味 背骨の中を通っている神経。
用例 せき髄損傷治療などに光〈中日05・1・14朝〉

**寂ばく**【寂寞・せきばく】
意味 静かでひっそりとしているさま。
用例 寂ばくとした雰囲気〈毎日04・10・6地〉

**寂りょう**【寂寥・せきりょう】
意味 ひっそりと静まりかえって、ものさびしいさま。また、心が充たされず、わびしいさま。
用例 哀感と寂りょう、見事に映す〈読売04・5・14夕〉

**折かん**【折檻・せっかん】
意味 体罰などを加えて、厳しくしかり、戒めること。
用例 養女折かん死に懲役5年6月〈読売96・3・8夕〉

**席けん**【席捲・せっけん】
意味 激しい勢いで勢力範囲を広げること。
用例 ブラックバス、北上川流域〝席けん〟〈読売01・11・14朝〉

**石こう**【石膏・セッコウ】
意味 セメントの原料や、顔料などに用いられる鉱物の一種。
用例 石こうボード投棄〈毎日05・11・15地〉

**切さたく磨**【切磋琢磨・せっさたくま】
意味 学問に励み、人格を磨き上げること。また、仲間と互いに励まし合い、向上していくこと。
用例 お互いが中核都市として、切さたく磨することが必要〈毎日02・6・5地〉

**切歯やく腕**【切歯扼腕・せっしやくわん】
意味 歯ぎしりして悔しがり、腕を強く押さえつけて怒ること。
用例 ただ切歯やく腕するだけだった〈読売05・6・12朝〉

**接ぷん**【接吻・せっぷん】
意味 口づけ。キッス。
用例 夫の額に軽く接ぷんした〈産経01・7・25朝〉

**舌ぽう**【舌鋒・ぜっぽう】
意味 舌の先端。弁舌の鋭いことのたとえ。
用例 鋭い舌ぽう 町議以上？〈読売01・8・7朝〉

**せん越**【僭越・せんえつ】
意味 出過ぎたことをすること。
用例 面倒を見るというのは、せん越だ〈読売03・2・8朝〉

**せん光**【閃光・せんこう】
意味 瞬間的に強くひらめく光。
用例 稲妻のようなせん光〈読売05・1・4朝〉

**前しょう戦**【前哨戦・ぜんしょうせん】

意味 物見部隊の間で行われる小規模な戦闘。転じて、本格的な活動に入る前の手始めの行動。
用例 W杯 フェアに前しょう戦〈毎日02・6・8地〉

**戦じん【戦塵・せんじん】**
意味 戦場に立つ砂ぼこりや、ちり。転じて、戦乱。
用例 会津の戦じんもおさまり〈西日本01・11・18朝〉

**ぜん息【喘息・ぜんそく】**
意味 呼吸困難を起こす発作的な病気。
用例 アトピー、ぜん息の原因〈産経03・11・5朝〉

**せん茶【煎茶・せんちゃ】**
意味 茶葉を湯で煎じて出すこと。また、その飲料、茶葉。
用例 せん茶無料体験〈朝日01・3・4地〉

**せん定【剪定・せんてい】**
意味 枝を切って木の形を整えたり、生育を調整したりすること。
用例 街路樹：せん定作業が始まる〈毎日05・9・22地〉

**せん別【餞別・せんべつ】**
意味 別れの際に贈る金品。
用例 懲戒免の職員にせん別10万円〈読売05・3・17朝〉

**先べん【先鞭・せんべん】**
意味 人に先駆けて着手すること。
用例 朝の読書に先べん〈読売05・1・28朝〉

**せん望【羨望・せんぼう】**
意味 うらやましく思うこと。
用例 高級感にせん望、閉鎖性に失望〈東京05・4・20朝〉

**先ぽう【先鋒・せんぽう】**
意味 先頭に立って戦う者。
用例 郵政民営化：反対派急先ぽう〈毎日05・3・16朝〉

**全ぼう【全貌・ぜんぼう】**
意味 全体の姿。
用例 画業の全ぼう１５０点〈毎日05・11・1地〉

**せん滅【殲滅・せんめつ】**
意味 一つ残らず滅ぼすこと。
用例 長期効果考えテロせん滅を〈朝日01・9・17朝〉

**戦りつ【戦慄・せんりつ】**
意味 震えおののくこと。強い恐れのために体が震えること。
用例 戦りつさえ覚える〈読売03・2・5朝〉

## そ

**そう快【爽快・そうかい】**
意味 さわやかで、気持ちがよいこと。
用例 いかだ下りそう快〈朝日05・8・1地〉

**雑きん【雑巾・ぞうきん】**
意味 汚れなどをふき取る布。

用例 雑きん作りに役立てて〈北國01・2・22朝〉

**巣くつ**【巣窟・そうくつ】
意味 盗賊などが隠れ住んでいるほら穴。また、悪事の根源。
用例 人工地震起こしで〝巣くつ〟解析へ〈読売01・6・13朝〉

**造けい**【造詣・ぞうけい】
意味 学問・芸術などで、深い知識・理解に至っていること。
用例 頼りになるシニアの造けい〈河北02・5・20〉

**騒じょう**【騒擾・そうじょう】
意味 集団で引き起こす騒動。
用例 投票所での騒じょう〈読売03・5・17朝〉

**そう艇**【漕艇・そうてい】
意味 ボートをこぐこと。また、そのボート。
用例 そう艇庫を全焼〈毎日05・7・12地〉

**装てん**【装塡・そうてん】
意味 中に詰めて備え付けること。
用例 原発の燃料装てん〈朝日01・8・11地〉

**そう白**【蒼白・そうはく】
意味 青白いこと。血の気がなく青ざめていること。
用例 顔面そう白、冷汗、血圧低下などの症状〈読売05・10・22夕〉

**双へき**【双璧・そうへき】
意味 ともにきわめて優れていて、並び立っている二つのもの。
用例 双へきは相撲、ソフトボール〈高知02・1・1朝〉

**そう明**【聡明・そうめい】
意味 優れていて賢いこと。
用例 そう明な受け答えに感心〈読売05・4・30夕〉

**僧りょ**【僧侶・そうりょ】
意味 出家した僧。
用例 僧りょら１２０人が中尊寺参拝〈毎日05・6・14地〉

**そ及**【遡及・そきゅう】
意味 さかのぼって過去にまで及ぶこと。
用例 均等法の理念は過去にもそ及する〈神戸04・1・19朝〉

**そく聞**【仄聞・そくぶん】
意味 ほのかに聞こえること。不確かながら耳にすること。
用例 「そく聞するところでは」と前置きして〈北國02・6・15朝〉

**そ撃**【狙撃・そげき】
意味 銃でねらい撃ちにすること。
用例 暴力団員そ撃事件〈読売04・5・12朝〉

**粗こつ**【粗忽・そこつ】
意味 軽はずみなこと。
用例 私も粗こつ者だが〈北海道04・11・21朝〉

**そ上**【俎上・そじょう】
意味 まな板の上。
用例 協議のそ上にのぼった背景

には〈毎日05・2・7朝〉

**そ上【遡上・そじょう】**
意味　流れをさかのぼること。
用例　そ上の稚アユ捕獲〈読売03・3・26朝〉

**そ生【蘇生・そせい】**
意味　生き返ること。また、一度衰えたものが、活気を取り戻すこと。
用例　心停止と呼吸停止に陥った。その後、そ生したものの〈毎日00・6・20地〉

**そん色【遜色・そんしょく】**
意味　劣っているさま。見劣り。
用例　実力にそん色がない〈毎日01・6・3朝〉

## た

**たい冠式【戴冠式・たいかんしき】**
意味　新国王が王冠を初めて頭にいただく儀式。
用例　エリザベス女王のたい冠式〈読売04・12・27朝〉

**だいご味【醍醐味・だいごみ】**
意味　仏の最高の教え。また、飲食の最高の味。転じて、最高のおもしろさ。
用例　読み聞かせのだいご味を味わう〈毎日05・11・4朝〉

**対じ【対峙・たいじ】**
意味　向かい合ってそびえ立つこと。また、にらみ合って対立したまま動かないこと。
用例　組合活動で会社と対じした〈毎日05・5・2朝〉

**たい積【堆積・たいせき】**
意味　幾重にも積み重なること。
用例　土砂もらって下さい　台風でたい積〈読売05・1・11朝〉

**対せき的【対蹠的・たいせきてき】**
意味　二つのものが正反対の関係にあるさま。
用例　これと対せき的にあるのが死という観念ではないか〈愛媛01・7・11朝〉

**大たい【大腿・だいたい】**
意味　太もも。
用例　大たい部骨折の重傷〈読売05・11・21朝〉

**たい肥【堆肥・たいひ】**
意味　落ち葉・雑草などを積み重ね、腐らせて作った肥料。
用例　たい肥で育てたサツマイモ〈毎日05・11・1地〉

**だ液【唾液・だえき】**
意味　つば。つばき。
用例　DNA鑑定、だ液一致〈東京05・1・25夕〉

**だ円【楕円・だえん】**
意味　平面上で、二つの定点からの距離の合計が一定である点の集合。
用例　新モデルだ円の文字盤〈読売05・2・7朝〉

**だ換**【兌換・だかん】
意味 紙幣を正貨と引き換えること。
用例 軍政下の通貨「B円」と日本円をだ換する〈毎日03・1・7夕〉

**だ棄**【唾棄・だき】
意味 つばを吐き捨てること。転じて、ひどく嫌うこと。
用例 だ棄すべき社会的性差〈南日本03・11・6朝〉

**たく鉢**【托鉢・たくはつ】
意味 修行僧が、経文を唱えながら、米や金銭の施しを受けること。
用例 修行僧が「たく鉢」〈毎日05・1・9地〉

**脱きゅう**【脱臼・だっきゅう】
意味 関節が外れること。
用例 右ひじ脱きゅう〈読売04・3・2朝〉

**だ捕**【拿捕・だほ】
意味 捕らえること。
用例 韓国水域でだ捕された長崎の漁船〈毎日04・4・21地〉

**だん家**【檀家・だんか】
意味 仏教で、寺に属して、仏事一切を依頼し、布施などを献ずる家。また、その家の人。
用例 だん家を持たない女人救済の寺〈読売02・1・9朝〉

**断がい**【断崖・だんがい】
意味 けわしく切り立ったがけ。
用例 断がいに黄色一日ニッコウキスゲ〈朝日01・6・26地〉

**端げい**【端倪・たんげい】
意味 物事の始めと終わり。また、なりゆきを見通すこと。
用例 自然の力の大きさは端げいすべからざるものがある〈毎日02・10・20朝〉

**弾こん**【弾痕・だんこん】
意味 弾丸の当たったあと。
用例 当時の弾こんを残す土蔵〈毎日04・1・10地〉

**たん読**【耽読・たんどく】
意味 夢中になって読書すること。
用例 当時たん読していた牧水歌集〈読売05・5・27朝〉

**たん白質**【蛋白質・たんぱくしつ】
意味 生物を構成する、窒素を含む有機化合物。
用例 RNA 安定させるたん白質 神戸大で発見〈読売03・8・21朝〉

**たん美**【耽美・たんび】
意味 美の世界にひたりきって、酔いしれること。
用例 たん美的な舞台空間〈読売04・2・3夕〉

**団らん**【団欒・だんらん】
意味 寄り集まって親しみ合い、なごやかに過ごすこと。
用例 団らんに一役、ビアガーデン〈朝日05・7・12地〉

## ち

**ちっ居【蟄居・ちっきょ】**
意味 家の中に閉じこもること。また、一室に謹慎させること。
用例 真田昌幸、幸村父子がちっ居したとされる「真田庵」〈毎日05・4・20地〉

**ち密【緻密・ちみつ】**
意味 念入りで手落ちがないこと。
用例 ち密な野球光るエンゼルス〈読売05・10・12夕〉

**茶わん【茶碗・ちゃわん】**
意味 湯茶や飯を飲食するための器。
用例 絵画、茶わんなど鑑賞〈毎日05・11・2地〉

**ちゅう房【厨房・ちゅうぼう】**
意味 台所。炊事場。
用例 ちゅう房から出火〈朝日01・2・22地〉

**ちゅう密【稠密・ちゅうみつ】**
意味 人や人家が多く集まっていること。
用例 陸上のちゅう密な観測網〈朝日01・1・14朝〉

**ちょう愛【寵愛・ちょうあい】**
意味 特にかわいがること。
用例 帝（みかど）のちょう愛〈朝日04・11・19地〉

**鳥かん【鳥瞰・ちょうかん】**
意味 鳥が見下ろすように、高いところから見下ろすこと。
用例 姫路城などの鳥かん図を展示〈毎日02・10・11地〉

**ちょう児【寵児・ちょうじ】**
意味 特にかわいがられている子ども。転じて、時流に乗ってもてはやされている人。
用例 栃木なまりで時代のちょう児〈東京02・9・7夕〉

**ちょう笑【嘲笑・ちょうしょう】**
意味 あざけり笑うこと。
用例 周りの白い目とちょう笑の中〈毎日03・1・29地〉

**ちょう報【諜報・ちょうほう】**
意味 秘かに探って知らせること。また、その知らせ。スパイ。
用例 潜水艦のちょう報活動〈産経01・5・21朝〉

**ちょう落【凋落・ちょうらく】**
意味 しぼんで落ちること。落ちぶれること。
用例 英保守党：ちょう落の中、党大会〈毎日04・10・6朝〉

**跳りょう【跳梁・ちょうりょう】**
意味 はねまわること。転じて、のさばりはびこること。
用例 〝千円玉のテロリスト〟はこれからも跳りょうしそうである〈産経01・9・22朝〉

**直せつ【直截・ちょくせつ】**
意味 ためらわずに、すぐに決め

ること。また、思っていることをはっきり言うこと。

用例　直せつ的な表現で県の姿勢を問う〈読売04・10・6朝〉

**ちょ突猛進**【猪突猛進・ちょとつもうしん】

意味　がむしゃらに勢いよく突き進むこと。

用例　2輪にイノシシ　ちょ突猛進〈下野01・4・7朝〉

**ちん入**【闖入・ちんにゅう】

意味　断りもなく入り込むこと。

用例　ちん入者は何かを投げかけた〈毎日02・7・13夕〉

## つ

**通ちょう**【通牒・つうちょう】

意味　文書で知らせること。また、その書面。

用例　〝最後通ちょう〟を突きつけた〈産経01・1・20夕〉

**痛ば**【痛罵・つうば】

意味　激しくののしること。

用例　ダレきった若者を痛ばする〈朝日01・10・16夕〉

**痛よう**【痛痒・つうよう】

意味　痛みと、かゆみ。転じて、心身の苦痛や、物質的な損害。

用例　業者にはなんの痛ようもない〈中国03・7・6朝〉

## て

**てい観**【諦観・ていかん】

意味　本質をはっきりと見極めること。また、俗世を空しいとして、超然とした境地に達すること。

用例　ふっと訪れる疲労感、てい観、ひそかに芽生える喜び〈中国04・2・1朝〉

**てい身**【挺身・ていしん】

意味　身を投げ出して事に当たること。

用例　戦時中にてい身隊に行った先で亡くなった〈毎日05・9・17地〉

**てい談**【鼎談・ていだん】

意味　三人が向かい合って談話すること。また、その談話。

用例　村山富市氏招き政治てい談〈朝日01・6・4地〉

**てい鉄**【蹄鉄・ていてつ】

意味　馬のひづめに装着するU字型の鉄具。

用例　競走馬てい鉄、壁掛けに〈読売02・1・23朝〉

**停とん**【停頓・ていとん】

意味　順調に進まないで、行き詰まること。

用例　核兵器廃絶の動きは、米国の独断的行動で停とんしている〈朝日02・9・17地〉

**泥ねい**【泥濘・でいねい】
意味　ぬかるみ。
用例　本当は泥ねい状態なのに〈読売03・9・28朝〉

**てい立**【鼎立・ていりつ】
意味　三者が並び立つこと。
用例　仕事と家庭と学生をてい立させたい〈読売02・4・11朝〉

**でき愛**【溺愛・できあい】
意味　愛情におぼれること。かわいがり過ぎること。
用例　孫をでき愛、常識外れの姑〈読売01・4・24朝〉

**敵がい心**【敵愾心・てきがいしん】
意味　あくまでも敵を倒そうとする闘争心。
用例　講演会で敵がい心あらわ〈毎日01・11・27朝〉

**でき死**【溺死・できし】
意味　おぼれ死ぬこと。
用例　小3助けようと中国人でき死〈読売03・11・18朝〉

**てき面**【覿面・てきめん】
意味　結果や報いなどが、すぐに現れること。
用例　罰則強化、効果てき面〈読売02・12・13朝〉

**天真らん漫**【天真爛漫・てんしんらんまん】
意味　純真で飾り気がなく、無邪気なこと。
用例　高校時代から天真らん漫な生徒〈毎日04・3・16地〉

**てん淡**【恬淡・てんたん】
意味　無欲で物事に執着しないこと。また、そのさま。
用例　「万事を尽くした」と、いまはてん淡とした思い〈読売01・10・7朝〉

**伝ぱ**【伝播・でんぱ】
意味　伝わり広まること。
用例　街道と文化　伝ぱの関係探る〈西日本03・2・7朝〉

**てん末**【顛末・てんまつ】
意味　初めから終わりまでの実情。
用例　会計ビッグバンのてん末〈朝日01・6・15夕〉

## と

**どう喝**【恫喝・どうかつ】
意味　人をおどして、おびえさせること。
用例　外相の発言、どう喝ではない〈毎日05・7・29朝〉

**投かん**【投函・とうかん】
意味　郵便物をポストに入れること。
用例　水道局で誤投かんなど5件〈読売05・5・7朝〉

**洞くつ**【洞窟・どうくつ】
意味　がけや岩山などにある奥行きの深い穴。
用例　洞くつ、ため池など危険な

場所〈読売05・4・14朝〉

**どう孔【瞳孔・どうこう】**
意味 眼球の中央にある、光を通すための小さな穴。
用例 どう孔が小さくなるなど有機リン中毒の症状があり〈毎日05・11・6地〉

**島しょ【島嶼・とうしょ】**
意味 大小の島々。
用例 島しょ開発途上国会議〈朝日05・1・11朝〉

**とう尽【蕩尽・とうじん】**
意味 使い果たすこと。
用例 親が汗水たらして貯蓄した遺産を、惜しげもなくとう尽する〈産経94・11・3朝〉

**同せい【同棲・どうせい】**
意味 一緒に住むこと。特に、正式に結婚していない男女の場合をいう。
用例 同せい女性を刺した男〈毎日05・7・22地〉

**痘そう【痘瘡・とうそう】**
意味 天然痘。
用例 五五年を最後に痘そうは根絶状態〈毎日92・12・19朝〉

**とう痛【疼痛・とうつう】**
意味 ずきずきとうずく痛み。
用例 背中から右腕までにとう痛がある〈朝日02・6・20朝〉

**投てき【投擲・とうてき】**
意味 投げること。特に、陸上競技の場合を言う。
用例 警告弾投てきし強行接舷〈朝日05・6・4朝〉

**登はん【登攀・とうはん】**
意味 よじ登ること。
用例 ロープ登はん 腕磨く〈中日05・8・10朝〉

**とう尾【掉尾・とうび】**
意味 尾を振ること。転じて、最後になって勢いのよいこと。また、物事の最後。
用例 とう尾を飾る年代別対抗リレー〈読売05・1・12朝〉

**投びょう【投錨・とうびょう】**
意味 船がいかりを投げ下ろすこと。
用例 投びょう指示に問題？〈読売02・12・17朝〉

**どう猛【獰猛・どうもう】**
意味 性質が荒々しくて、乱暴なこと。
用例 ワニガメ捕獲 どう猛、体長４０センチ〈中国05・6・12朝〉

**陶や【陶冶・とうや】**
意味 性質や才能を鍛え、育て上げること。
用例 スポーツは人格を陶やする〈静岡97・11・15朝〉

**動脈りゅう【動脈瘤・どうみゃくりゅう】**
意味 動脈の一部分が、こぶ状にふくれあがった状態。
用例 大動脈りゅうの仕組み解明〈読売05・11・28夕〉

**とう留**【逗留・とうりゅう】

意味 旅などの途中でしばらく宿泊して、止まること。

用例 近くに、作家が長とう留している〈読売05・7・31朝〉

**棟りょう**【棟梁・とうりょう】

意味 親方。リーダー。

用例 宮大工棟りょう〈下野05・2・5朝〉

**灯ろう**【灯籠・とうろう】

意味 石や木などの枠に、紙や絹などを張って作った、ともし火を入れる道具。

用例 竹灯ろう1万本、門前町の夜に彩り〈毎日05・11・15地〉

**独せん場**【独擅場・どくせんじょう】

意味 一人だけが思いのままにできる場所や場面。一人舞台。

用例 日本メーカーの独せん場〈産経99・12・11朝〉

**独立不き**【独立不羈・どくりつふき】

意味 他を頼らず、束縛されないこと。

用例 『群像』は、〝独立不き〟の雑誌であった〈産経96・9・15朝〉

**吐しゃ**【吐瀉・としゃ】

意味 吐くことと、腹を下すこと。

用例 吐しゃ物ポイ捨て〈読売03・4・16朝〉

**とつ弁**【訥弁・とつべん】

意味 話し下手なこと。

用例 とつ弁で知られた十一代目〈毎日04・8・16夕〉

**怒とう**【怒濤・どとう】

意味 激しい大波。転じて、激しく押し寄せるもの。

用例 マガン3万羽、怒とうの群舞〈朝日02・11・7地〉

**土のう**【土嚢・どのう】

意味 土を詰め込んだ袋。

用例 土のう作りや炊き出し〈読売05・11・2朝〉

**とん走**【遁走・とんそう】

意味 走って逃げること。

用例 階段を駆け上がってとん走した〈高知02・8・19夕〉

**どん帳**【緞帳・どんちょう】

意味 劇場などの舞台の垂れ幕。

用例 町民の輪でどん帳づくり〈朝日02・4・7地〉

**どん欲**【貪欲・どんよく】

意味 きわめて欲の深いこと。

用例 どん欲姿勢、レース勘戻す〈読売05・11・20朝〉

## な

**なつ印**【捺印・なついん】

意味 印鑑などを押すこと。また、その印。

用例 書面熟読、なつ印慎重に〈朝日02・1・11朝〉

## に

**任きょう【任侠・にんきょう】**

意味 弱きを助け、強きをくじき、義のためには命をかける気風。

用例 任きょう映画などを見に来る市民〈読売04・8・29朝〉

**にん傷【刃傷・にんじょう】**

意味 刃物で人を傷つけること。

用例 にん傷ざたに発展した水争い〈読売00・4・8朝〉

## ね

**ねつ造【捏造・ねつぞう】**

意味 事実でないことを、事実であるかのように作り上げること。

用例 戸籍ねつ造事件 塩尻市が再調査へ〈読売05・11・16朝〉

**ねん出【捻出・ねんしゅつ】**

意味 無理に考え出すこと。やりくりして、ひねり出すこと。

用例 救命器具AED購入へ 費用ねん出〈京都05・11・17朝〉

**ねん転【捻転・ねんてん】**

意味 ねじれて向きが変わること。

用例 腸ねん転見落とし死亡〈読売05・3・8朝〉

## の

**濃えん【濃艶・のうえん】**

意味 なまめかしく美しいこと。

用例 色も淡紅色と濃えん〈毎日02・4・12地〉

## は

**は握【把握・はあく】**

意味 しっかりとつかむこと。また、よく理解すること。

用例 実態をは握しようと〈北海道03・10・24朝〉

**ばい煙【煤煙・ばいえん】**

意味 燃料を燃やしたときに出る、すすと煙。

用例 ばい煙と梅枯れ関連なし〈読売02・1・19朝〉

**はい芽【胚芽・はいが】**

意味 種子の中で、生長して芽になる部分。

用例 はい芽部分を残して精米〈山形04・6・25朝〉

**俳かい【俳諧・はいかい】**

意味 俳句。「諧」は、たわむれる意。もと滑稽味を帯びたものであったので言う。

用例　俳かい宗匠、松尾宗房〈読売95・4・15朝〉

**肺がん【肺癌・はいがん】**

意味　肺にできる悪性の腫れ物。

用例　肺がんに効果的な化学療法〈産経05・11・16朝〉

**廃きょ【廃墟・はいきょ】**

意味　建物・市街などの荒れ果てたあと。

用例　廃きょの街にいちるの望み〈東京02・1・21朝〉

**ばい菌【黴菌・ばいきん】**

意味　人体に有害な細菌の総称。

用例　ばい菌見えた？　虫歯予防を訴え〈朝日05・6・5地〉

**排せつ【排泄・はいせつ】**

意味　不用な物を体外に出すこと。

用例　家畜の排せつ物燃料に〈読売05・11・1朝〉

**はい然【沛然・はいぜん】**

意味　雨などが盛んに降るさま。

用例　地肌から深い藍がはい然とわき上がってくる〈読売92・8・15夕〉

**配ぜん【配膳・はいぜん】**

意味　料理の膳を、並べて配置すること。

用例　配ぜん時間帯を狙い〈毎日04・6・5夕〉

**肺ふ【肺腑・はいふ】**

意味　肺そのもの。転じて、心の奥底。また、急所。

用例　白陣の肺ふをえぐる動き出しを敢行〈京都01・8・21朝〉

**ばく書【曝書・ばくしょ】**

意味　書物の虫干し。

用例　図書館蔵書のばく書ボランティア〈北海道05・5・20朝〉

**ばく進【驀進・ばくしん】**

意味　まっしぐらに突き進むこと。

用例　夢の最多安打へイチローばく進〈産経01・6・12朝〉

**はく製【剝製・はくせい】**

意味　鳥獣などの皮だけを残し、生きたときの形に作ったもの。

用例　標本、はく製など５００点〈毎日05・10・5地〉

**ばく大【莫大・ばくだい】**

意味　きわめて多量なこと。

用例　迷惑メール損失ばく大〈読売01・10・6朝〉

**はく奪【剝奪・はくだつ】**

意味　はぎ取ること。無理に取り上げること。

用例　建築士の資格、はく奪へ〈読売05・11・19朝〉

**白び【白眉・はくび】**

意味　白い眉毛。中国古代、白い眉毛をした馬良という人が、五人兄弟の中で一番優れていた故事から、最優秀なものを言う。

用例　センス、パワー、面白さ、どれをとっても時代の白びである

〈毎日96・9・29朝〉

**ばく布**【瀑布・ばくふ】
意味 滝。さらした布のようであることから言う。
用例 天滝のばく布が輝いた〈神戸01・4・17朝〉

**はく落**【剝落・はくらく】
意味 はがれ落ちること。
用例 新幹線壁材はく落〈朝日03・6・11夕〉

**はく離**【剝離・はくり】
意味 はがれること。
用例 体罰で中1はく離骨折〈読売05・11・11朝〉

**ば声**【罵声・ばせい】
意味 大声でののしる声。
用例 絶叫・大歓声・ば声〈読売01・6・24朝〉

**破たん**【破綻・はたん】
意味 修復不能の状態に陥ること。
用例 朝銀信組破たん〈毎日05・11・22夕〉

**抜てき**【抜擢・ばってき】
意味 大勢の中から、特に選び出して昇進させること。
用例 主役抜てきの中村橋之助〈毎日05・11・7夕〉

**馬てい**【馬蹄・ばてい】
意味 馬のひづめ。
用例 盛り土遺構 馬てい形で国内最大級〈毎日03・9・4朝〉

**波とう**【波濤・はとう】
意味 大きな波。
用例 波とうを越え対馬へ〈西日本03・9・17朝〉

**ば倒**【罵倒・ばとう】
意味 ののしり倒すこと。激しく非難すること。
用例 「犯人は情けない」とば倒した〈毎日05・8・6地〉

**馬ふん**【馬糞・ばふん】
意味 馬のくそ。
用例 馬ふん製たい肥どうぞ〈朝日02・4・3地〉

**ばん歌**【挽歌・ばんか】
意味 人の死を悲しむ歌。
用例 職人たちへの尽きないばん歌〈産経01・9・17朝〉

**ばん回**【挽回・ばんかい】
意味 元のよい状態を取り戻すこと。
用例 失策ばん回〈朝日05・8・19朝〉

**煩さ**【煩瑣・はんさ】
意味 細かくこみいっていて、わずらわしいこと。
用例 「承認」の煩さな手続きを求める〈読売91・9・28夕〉

**晩さん**【晩餐・ばんさん】
意味 改まった夕食。また、その集い。
用例 首脳会議 晩さんは韓国宮廷料理〈読売05・11・19朝〉

**反すう**【反芻・はんすう】
意味 一度飲み下した食物を、口

に戻してかみ直し、再び飲み込むこと。転じて、よく考えること。
用例 どのくらい寄与したか自ら反すうすべき〈毎日05・1・21地〉

**範ちゅう【範疇・はんちゅう】**
意味 同類がすべて含まれる部門・範囲。カテゴリー。
用例 事故の範ちゅうでない〈読売02・6・14朝〉

**はん点【斑点・はんてん】**
意味 まだらに散らばっている点。
用例 独特の朱色のはん点模様〈北國03・4・20朝〉

**反ばく【反駁・はんばく】**
意味 反対して論じ返すこと。
用例 小説「さゆり」に反ばくする〈毎日01・11・21朝〉

**煩もん【煩悶・はんもん】**
意味 悩み苦しむこと。
用例 歴史配慮と新市一体感で煩もん〈琉球04・4・7朝〉

**はん濫【氾濫・はんらん】**
意味 河川などの水があふれ出ること。転じて、品物などが数多く出回ること。
用例 大雨時のはん濫防止〈北國03・12・27朝〉

**伴りょ【伴侶・はんりょ】**
意味 連れだって行く人。また、配偶者。
用例 自立へ、まず伴りょ〈毎日05・9・29地〉

## ひ

**ひ益【裨益・ひえき】**
意味 役に立って、利益になること。
用例 専門家以外の人にもひ益する〈産経95・3・12朝〉

**卑きょう【卑怯・ひきょう】**
意味 臆病でずるいこと。
用例 卑きょうな振る舞い〈西日本02・10・16夕〉

**秘けつ【秘訣・ひけつ】**
意味 人に知られない、特別な方法・手段。
用例 長寿の秘けつは「食欲」〈朝日05・9・20地〉

**ひ護【庇護・ひご】**
意味 かばい守ること。
用例 ナチスひ護「民族の祭典」撮影〈北海道03・9・10朝〉

**飛しょう【飛翔・ひしょう】**
意味 空高く飛び回ること。
用例 米軍厚木基地に飛しょう弾〈読売03・4・7夕〉

**卑せん【卑賤・ひせん】**
意味 地位や身分がきわめて低いこと。
用例 卑せんを高貴に、老いを若き、憶病を勇気に変えることもできよう〈北國93・10・26朝〉

**ひ素【砒素・ひそ】**

意味 毒性を持った元素の一つ。
用例 社有地からひ素汚染土〈朝日01・4・27地〉

**ひ賊**【匪賊・ひぞく】
意味 盗賊の集団。
用例 ひ賊が出ると言われ、腰にはピストルを下げていた〈読売01・11・7朝〉

**必す**【必須・ひっす】
意味 是非とも必要なこと。
用例 自由を確立するための必すの前提〈読売92・7・31朝〉

**ひっ生**【畢生・ひっせい】
意味 生命の尽きるまで。生涯。
用例 ひっ生の大作オペラ〈読売92・4・29朝〉

**ひっ迫**【逼迫・ひっぱく】
意味 追いつめられて、余裕のない状態になること。
用例 財源ひっ迫〈読売05・2・5朝〉

**被ばく**【被曝・ひばく】
意味 放射能にさらされること。
用例 被ばく医療訓練〈読売05・11・11朝〉

**美ぼう**【美貌・びぼう】
意味 美しい顔立ち。
用例 美ぼう・演技力も備える〈中国05・11・10夕〉

**び漫**【瀰漫・びまん】
意味 一面に広がりはびこること。
用例 不公平感がび漫していった〈河北95・3・16〉

**比ゆ**【比喩・ひゆ】
意味 類似したものを借りて表現すること。たとえ。
用例 比ゆの効用〈毎日01・11・14地〉

**ひょう逸**【飄逸・ひょういつ】
意味 俗世に超然として、のびのびと明るいさま。
用例 ひょう逸味や禅味〈読売03・6・10夕〉

**ひょう窃**【剽窃・ひょうせつ】
意味 他人の作品・学説などを盗用すること。
用例 大量の盗用（ひょう窃）を調査の結果確認〈毎日01・4・13朝〉

**ひょう然**【飄然・ひょうぜん】
意味 気ままに来たり去ったりするさま。軽やかに生きるさま。
用例 ひょう然として帰って来た〈産経01・12・9朝〉

**平そく**【平仄・ひょうそく】
意味 漢詩の決まりの一つ。転じて、話のつじつま。
用例 タイミングにズレが生じ、平そくが合わなくなった〈下野02・10・1朝〉

**ひょう変**【豹変・ひょうへん】
意味 態度や考え方などが、急に一変すること。
用例 粉飾決算　監査法人〝ひょう変〟〈読売05・8・19朝〉

**標ぼう**【標榜・ひょうぼう】

意味　意義・主張などを、はっきりと掲げ示すこと。

用例　政治・社会活動を標ぼう〈毎日04・4・15地〉

**肥よく**【肥沃・ひよく】

意味　土地がよく肥えていること。

用例　肥よくなダム堆積土砂〈北海道04・2・10朝〉

**披れき**【披瀝・ひれき】

意味　心の中をすべて打ち明けること。

用例　現代選挙のコツを披れきしている〈毎日05・9・11地〉

**尾ろう**【尾籠・びろう】

意味　けがらわしいこと。

用例　いささか尾ろうなおちだが〈朝日89・3・26地〉

**疲労困ぱい**【疲労困憊・ひろうこんぱい】

意味　すっかり疲れてしまうこと。

用例　飼い主と一緒に疲労困ぱい避難のペット〈読売05・3・24夕〉

**卑わい**【卑猥・ひわい】

意味　下品で、みだらなこと。

用例　判事が卑わいメール〈毎日05・11・21夕〉

**ひん死**【瀕死・ひんし】

意味　死にそうなこと。

用例　ひん死の事故から奇跡的に回復〈読売05・3・25朝〉

**敏しょう**【敏捷・びんしょう】

意味　素早いこと。

用例　中高年　敏しょう性アップ〈東京05・10・10朝〉

**便せん**【便箋・びんせん】

意味　手紙を書くための用紙。

用例　赤穂緞通図柄の便せん〈毎日05・9・8地〉

**びん乱**【紊乱・びんらん】

意味　道徳・秩序などが乱れること。

用例　価値びん乱の果てに〈下野05・3・30朝〉

## ふ

**封かん**【封緘・ふうかん】

意味　手紙などの封を閉じること。

用例　手紙３７０通封かん〈朝日02・11・3地〉

**風さい**【風采・ふうさい】

意味　外見上のようす。

用例　知的で貴公子然とした風さい〈毎日05・10・4夕〉

**風しん**【風疹・ふうしん】

意味　ウィルス性の急性伝染病。三日ばしか。

用例　はしかと風しん、混合接種制へ〈毎日05・10・16朝〉

**風び**【風靡・ふうび】

意味　風が草などをなびかせるよ

うに、大勢の人を一方になびき従わせること。

用例 一世を風びした歌声喫茶〈読売05・4・24朝〉

**風ぼう【風貌・ふうぼう】**

意味 身なりや、顔のようす。

用例 アジア系風ぼうの男〈毎日03・3・12地〉

**敷えん【敷衍・ふえん】**

意味 押し広げて詳しく述べること。また、やさしく説明すること。

用例 これを敷えんして天界の月と雲の動きまで〈愛媛01・10・1朝〉

**ふ化【孵化・ふか】**

意味 卵がかえること。

用例 ペンギンのふ化、ピーク〈毎日05・11・18地〉

**布きん【布巾・ふきん】**

意味 食器などをふくための布。

用例 食器用布きん、筆記用具を持参〈朝日02・2・27地〉

**ふく射【輻射・ふくしゃ】**

意味 電磁波などを放出すること。

用例 触媒発火のふく射熱原因〈読売04・10・20夕〉

**復しゅう【復讐・ふくしゅう】**

意味 恨みを晴らすこと。

用例 昔の勤め先に復しゅう電話〈毎日05・9・23朝〉

**ぶ告【誣告・ぶこく】**

意味 事実をいつわって訴えること。

用例 理事長をぶ告容疑で逆告訴〈毎日03・6・14地〉

**ぶ然【憮然・ぶぜん】**

意味 落胆・驚きなどのために、ぼんやりとしてしまうさま。

用例 小沢党首、ぶ然とした表情〈産経01・7・30朝〉

**不そん【不遜・ふそん】**

意味 思い上がっていて、無礼なこと。

用例 かなり不そんな態度をとっている〈読売03・6・24朝〉

**払しょく【払拭・ふっしょく】**

意味 ぬぐい去ること。

用例 合併への不安 払しょくを〈読売05・11・16朝〉

**不てい【不逞・ふてい】**

意味 不平を抱きながら、勝手気ままに振る舞うこと。

用例 いささか不ていの気が漂って〈朝日96・2・9夕〉

**ふ頭【埠頭・ふとう】**

意味 波止場。

用例 テロ対策訓練：青森港ふ頭で〈毎日05・11・9地〉

**不とう不屈【不撓不屈・ふとうふくつ】**

意味 決してくじけないこと。

用例 不とう不屈の強じんな心身〈毎日01・5・26地〉

**不びん【不憫・ふびん】**

意味　かわいそうなこと。
用例　入退院、不びんに思い〈毎日05・4・13朝〉

**侮べつ【侮蔑・ぶべつ】**
意味　軽んじ、ばかにすること。
用例　人種的侮べつ受けた〈読売04・11・25朝〉

**ふ報【訃報・ふほう】**
意味　死亡の知らせ。
用例　突然のふ報に驚きの声〈神戸01・9・28朝〉

**不らち【不埒・ふらち】**
意味　けしからぬこと。
用例　もったいないなんて不らちなこと〈毎日03・4・13朝〉

**ふ虜【俘虜・ふりょ】**
意味　敵軍に捕らえられた者。
用例　鳴門の板東ふ虜収容所に収容〈毎日01・11・26地〉

**無りょう【無聊・ぶりょう】**
意味　心配事を抱えて、気が晴れないこと。また、退屈なこと。
用例　無りょうを慰めるための蝿退治〈北海道05・6・2朝〉

**ふん装【扮装・ふんそう】**
意味　姿を飾りよそおうこと。また、そのよそおい。
用例　新郎新婦ふん装、長持ちなど行列〈読売04・10・22朝〉

**ふん尿【糞尿・ふんにょう】**
意味　大便と小便。
用例　家畜ふん尿処理、肥料に〈読売05・10・15朝〉

**分べん【分娩・ぶんべん】**
意味　胎児を出産すること。
用例　分べんミス、新生児死亡〈読売04・2・24朝〉

**憤まん【憤懣・ふんまん】**
意味　いきどおり、もだえること。また、その気持ち。
用例　仮設住宅に憤まんの声〈読売05・4・8朝〉

## へ

**閉そく【閉塞・へいそく】**
意味　閉じてふさぐこと。
用例　閉そくした政治を打破〈毎日05・8・10地〉

**平たん【平坦・へいたん】**
意味　平らかであること。
用例　平たんコース、速い展開〈京都05・11・17朝〉

**兵たん【兵站・へいたん】**
意味　兵器・食糧などを補給・管理する軍の機関。
用例　平和維持、兵たんで協力〈読売03・8・7朝〉

**併どん【併呑・へいどん】**
意味　他の勢力を併合し、服従させること。
用例　軍事進攻して併どん〈産経98・5・25夕〉

**へき易【辟易・へきえき】**
意味 勢いに押されてたじろぐこと。また、嫌気がさすこと。
用例 〝負の連鎖〟にへき易〈北國02・11・10朝〉

**へき遠【僻遠・へきえん】**
意味 中央から遠く隔たっていること。
用例 山深いへき遠の村〈高知04・11・22朝〉

**へき地【僻地・へきち】**
意味 都会から遠く隔たった土地。
用例 統合病院、へき地医療の中核に〈朝日05・11・15地〉

**へき頭【劈頭・へきとう】**
意味 物事の始め。最初。
用例 新世紀のへき頭に当たり〈東京01・12・2朝〉

**べっ見【瞥見・べっけん】**
意味 ちらりと見ること。
用例 より深い世界をべっ見させてもらえる〈読売93・8・4夕〉

**べっ視【蔑視・べっし】**
意味 さげすんで見ること。
用例 人間べっ視の性格に起因〈読売03・2・28朝〉

**別ぴん【別嬪・べっぴん】**
意味 美人。
用例 ＣＭにも出ている別ぴんサン〈毎日99・10・22夕〉

**編さん【編纂・へんさん】**
意味 書物にまとめること。
用例 史料編さんめぐり４４５万円〈毎日05・11・8地〉

**偏ぱ【偏頗・へんぱ】**
意味 不公平に片寄っていること。
用例 「不公正」「不公平」「偏ぱ（偏った）」と言葉を重ねて厳しく批判〈毎日02・11・22夕〉

**辺ぴ【辺鄙・へんぴ】**
意味 都会から遠く隔たっていて不便なこと。
用例 平和・緑、はたまた辺ぴ〈中国03・3・11朝〉

**へん平【扁平・へんぺい】**
意味 平たいこと。
用例 へん平足の子供減った？〈朝日01・5・17地〉

**変ぼう【変貌・へんぼう】**
意味 姿やようすが、すっかり変わること。
用例 変ぼうする下町の風景〈毎日05・10・9地〉

**片りん【片鱗・へんりん】**
意味 一片のうろこ。転じて、わずかな一部分。
用例 「新ワーグナー像」片りん見えた〈毎日05・8・3夕〉

## ほ

**ほう芽【萌芽・ほうが】**
意味 芽を出すこと。また、その

芽。転じて、物事の起こり始め。
用例 1960年代にほう芽が見られる〈読売05・10・28朝〉

**ほう起【蜂起・ほうき】**
意味 多くの人々が一斉に暴動・反乱などを起こすこと。
用例 地元勢力ほう起〈読売01・11・15夕〉

**防ぎょ【防禦・ぼうぎょ】**
意味 防ぎ守ること。
用例 火災防ぎょ訓練に90人が参加〈毎日01・3・19地〉

**ほう助【幇助・ほうじょ】**
意味 手助けすること。
用例 不法残留ほう助：警官を書類送検〈毎日05・9・22朝〉

**ぼう然【呆然・ぼうぜん】**
意味 驚きあきれて、ぼんやりとしたさま。
用例 台風14号から一夜 住民ぼう然〈読売05・9・8朝〉

**防ちょう【防諜・ぼうちょう】**
意味 敵のスパイ行為を防ぐこと。
用例 KGB復活か 露防ちょう機関強化〈中国04・7・15朝〉

**放とう【放蕩・ほうとう】**
意味 酒食におぼれること。
用例 首相の〝放とう息子〟〈読売05・1・14朝〉

**冒とく【冒瀆・ぼうとく】**
意味 神聖なものや、清純なものを、犯しけがすこと。
用例 コーラン冒とく疑惑〈読売05・5・16朝〉

**ぼう漠【茫漠・ぼうばく】**
意味 広くとりとめもないさま。また、つかみ所のないさま。
用例 ぼう漠とした冬の季節がい〈朝日01・1・18地〉

**泡まつ【泡沫・ほうまつ】**
意味 あわ、あぶく。また、はかないもののたとえ。
用例 米加州の「泡まつ候補」たち〈静岡03・10・10夕〉

**ぼう洋【茫洋・ぼうよう】**
意味 広々として限りのないさま。広くてつかみ所のないさま。
用例 ぼう洋とした印象も受ける作品〈産経01・9・10夕〉

**放らつ【放埒・ほうらつ】**
意味 酒食にふけり、品行の悪いさま。
用例 放らつな夫に振り回される〈読売01・10・2朝〉

**木たく【木鐸・ぼくたく】**
意味 木製の舌を持つ鈴。転じて、世人を導く指導者。
用例 社会の木たくにジレンマ〈東京00・12・2夕〉

**捕そく【捕捉・ほそく】**
意味 捕らえること。
用例 人工衛星によって補そくされ〈朝日01・4・3地〉

**ぼっ起【勃起・ぼっき】**
意味 にわかに起こり立つこと。

また、陰茎の硬く大きくなること。
用例 807万人がぼっ起障害に悩む〈朝日01・10・21朝〉

**ぼっ興【勃興・ぼっこう】**
意味 急に盛んになること。
用例 免疫学は当時ぼっ興期で〈読売05・10・31朝〉

**墨こん【墨痕・ぼっこん】**
意味 墨で書いたあと。筆で書いた文字。
用例 墨こん鮮やか〈北海道01・10・25朝〉

**発しん【発疹・ほっしん】**
意味 皮膚や粘膜にできる吹き出物。
用例 発しんの三男連れ、両親は病院へ〈毎日05・3・7朝〉

**ぼっ発【勃発・ぼっぱつ】**
意味 事件などが急に起こること。
用例 駐留兵士の死者急増、党内批判ぼっ発〈毎日05・6・23朝〉

**補てん【補塡・ほてん】**
意味 補い埋めること。
用例 不明金の補てん完了〈読売05・11・11朝〉

**ほ乳【哺乳・ほにゅう】**
意味 母乳を飲ませること。
用例 〝世界最小のほ乳類〟が人気〈産経05・9・2朝〉

**翻ろう【翻弄・ほんろう】**
意味 思いのままに、もてあそぶこと。
用例 「マネーゲーム」に翻ろうされ続けるプロ野球界〈毎日05・10・14夕〉

## ま

**まい進【邁進・まいしん】**
意味 ひたすら突き進むこと。
用例 治安維持にまい進〈毎日05・1・6地〉

**末えい【末裔・まつえい】**
意味 子孫。
用例 ホープは信長の末えい〈毎日04・1・21夕〉

**末しょう【末梢・まっしょう】**
意味 木の枝の先。また、物の端。転じて、取るに足りないこと。
用例 注射で末しょう神経障害〈毎日03・1・30地〉

**まん延【蔓延・まんえん】**
意味 好ましくないものが、はびこり広がること。
用例 早期発見、まん延防止へ〈毎日05・11・1地〉

**満こう【満腔・まんこう】**
意味 体じゅう。全身。
用例 満こうの怒りをもって〈中日04・12・9朝〉

**まん幕【幔幕・まんまく】**
意味 式場・会場などに張りめぐ

らせる幕。
用例 門松やまん幕飾る〈中日04・12・27朝〉

## み

**みつ月**【蜜月・みつげつ】
意味 結婚して間もないころ。転じて、親密な関係にあること。
用例 史上最良のみつ月〈朝日01・8・29朝〉

**みょう利**【冥利・みょうり】
意味 神仏が授ける恩恵。転じて、ある立場から受ける恩恵。
用例 人間のみょう利に尽きる思い〈毎日01・11・11地〉

**味りん**【味醂・みりん】
意味 焼酎にもち米などを加え、発酵させた甘い酒。
用例 かたくり粉大さじ一強、味りん大さじ一〈北海道03・10・21夕〉

## む

**無く**【無垢・むく】
意味 心身にけがれがなく清らかなこと。転じて、混じりもののないこと。
用例 無くな心を表した白を基調に〈高知02・6・6朝〉

**無こ**【無辜・むこ】
意味 罪のないこと。
用例 無この人々を傷つけることは〈産経01・10・9朝〉

**無とん着**【無頓着・むとんちゃく】
意味 物事にとらわれないこと。
用例 交通ルール、男性の方が無とん着〈毎日03・4・20朝〉

## め

**明せき**【明晰・めいせき】
意味 はっきりと筋道が通っていること。
用例 頭脳明せき、弁舌さわやか〈読売04・6・17朝〉

**めい想**【瞑想・めいそう】
意味 目を閉じて、静かに思いめぐらすこと。
用例 感謝込め今日もめい想〈毎日03・3・12夕〉

**めい土**【冥土・めいど】
意味 仏教で、死者の霊魂が行くという暗黒の世界。あの世。
用例 現世とめい土といったイメージ〈北海道01・7・31夕〉

**めい福**【冥福・めいふく】
意味 死者のあの世での幸福。
用例 犠牲者のめい福祈る〈読売

05・8・10朝〉

**めい目【瞑目・めいもく】**
意味 目を閉じること。転じて、安らかに死ぬこと。
用例 静かにめい目したい〈朝日01・10・25地〉

**明りょう【明瞭・めいりょう】**
意味 はっきりしていて、あいまいな点のないこと。
用例 当局の説明不明りょう〈毎日05・6・25地〉

**面ば【面罵・めんば】**
意味 面と向かってののしること。
用例 強い堀田祐美子を面ばしてしまう一般女性〈毎日99・6・29夕〉

**面よう【面妖・めんよう】**
意味 怪しく不思議なこと。
用例 面ような制度性〈読売02・1・25夕〉

## も

**黙とう【黙禱・もくとう】**
意味 目を閉じて、無言で祈りを捧げること。
用例 同僚全員黙とう〈読売05・11・15朝〉

**もく浴【沐浴・もくよく】**
意味 髪や体を洗うこと。
用例 もく浴介助に挑戦〈毎日04・5・12地〉

**もん死【悶死・もんし】**
意味 もだえ苦しんで死ぬこと。
用例 両親をもん死させられた豪商の息子〈東京04・2・7夕〉

**もん絶【悶絶・もんぜつ】**
意味 もだえ苦しんで、気を失うこと。
用例 35度超の日　もん絶の暑さ〈東京02・8・21朝〉

**もん着【悶着・もんちゃく】**
意味 感情のもつれなどによって起こる争い。
用例 危険球と判断してのひともん着〈産経01・7・21朝〉

## や

**やく殺【扼殺・やくさつ】**
意味 手で首を絞めて殺すこと。
用例 同署はやく殺されたとみて〈北海道89・2・4朝〉

**薬きょう【薬莢・やっきょう】**
意味 鉄砲の火薬を詰めるための円筒形の容器。
用例 領事館に薬きょう入り封筒〈読売05・4・13朝〉

## ゆ

**憂うつ【憂鬱・ゆううつ】**
意味 気持ちが暗く沈んで、晴れ晴れしないこと。
用例 業界団体、支援「憂うつ」〈朝日05・9・8朝〉

**遊きょう【遊侠・ゆうきょう】**
意味 仁義を重んじ、強きをくじき、弱きを助ける勇気のあること。また、その気風のある人。
用例 遊きょうの世界でも〈西日本03・5・28朝〉

**雄こん【雄渾・ゆうこん】**
意味 勢いよく、力強いこと。
用例 雄こんな大自然を表現〈読売01・12・27朝〉

**ゆう出【湧出・ゆうしゅつ】**
意味 地中からわき出ること。
用例 新泉源 県内トップ級のゆう出量〈朝日01・1・15地〉

**幽すい【幽邃・ゆうすい】**
意味 奥深くてもの静かなこと。
用例 山また山が重なる幽すいの地〈京都01・6・20朝〉

**遊とう【遊蕩・ゆうとう】**
意味 だらしなく、酒食にふけって遊ぶこと。
用例 遊とうの限りを尽くした〈読売00・5・25朝〉

**ゆ着【癒着・ゆちゃく】**
意味 離れている臓器や組織が、炎症などによってくっつくこと。また、離れているもの同士が、利害のために結びつくこと。
用例 熱心高じて業者とゆ着〈毎日01・11・25地〉

## よ

**よう音【拗音・ようおん】**
意味 「ゃ」「ゅ」「ょ」といった小さな仮名を添えて表される音。
用例 よう音や促音、送り仮名など〈熊本日日02・9・1朝〉

**容かい【容喙・ようかい】**
意味 横から口を出すこと。
用例 政府も陸軍も容かいできなかった〈産経97・8・24朝〉

**よう怪【妖怪・ようかい】**
意味 化け物。
用例 インター出たら〝よう怪像〟〈読売01・6・22朝〉

**よう気【妖気・ようき】**
意味 あやしい雰囲気。
用例 よう気漂う亡霊「泥眼」などの面〈西日本00・10・7朝〉

**要さい【要塞・ようさい】**
意味 防衛のための重要な軍事施設。
用例 険しい山、自然の要さい〈朝日01・9・27夕〉

**よう精【妖精・ようせい】**

意味　伝説・民話などに現れる自然物の精霊。
用例　流氷のよう精、クリオネ〈読売01・5・23朝〉

**よう折**【夭折・ようせつ】
意味　年若くして死ぬこと。
用例　多彩な役演じよう折〈京都01・6・28朝〉

**要てい**【要諦・ようてい】
意味　物事の最も重要な部分。
用例　不良債権処理の要てい〈毎日02・10・11朝〉

**容ぼう**【容貌・ようぼう】
意味　顔のようす。
用例　手口や容ぼう類似、同一犯か〈朝日01・6・18朝〉

**揺らん**【揺籃・ようらん】
意味　ゆりかご。転じて、発生・発展の初め。
用例　500年前の古書「揺らん期本」〈読売03・10・31朝〉

## ら

**らい落**【磊落・らいらく】
意味　快活で心が広く、小事にこだわらないこと。
用例　豪放らい落な人柄を思わせる話〈毎日01・8・18夕〉

**落いん**【落胤・らくいん】
意味　正妻以外の女性に生まれた子。
用例　白河法皇の落いんといった俗説〈神戸01・9・16朝〉

**らく印**【烙印・らくいん】
意味　焼き印。
用例　「守旧派」のらく印恐れ〈朝日01・5・19朝〉

**落ご**【落伍・らくご】
意味　集団についていけないこと。
用例　落ご者がないよう頑張っていこう〈西日本02・1・9朝〉

**落はく**【落魄・らくはく】
意味　落ちぶれること。
用例　不況で落はくし、家を手放した〈読売99・3・2夕〉

**落ばく**【落莫・らくばく】
意味　ものさびしいさま。
用例　落ばくたる気持ちになった〈琉球00・2・17朝〉

**ら旋**【螺旋・らせん】
意味　巻き貝の殻のように、ぐるぐると巻いていること。
用例　ダイナミックなら旋形を描き出す〈毎日98・8・6夕〉

**ら致**【拉致・らち】
意味　無理に連れて行くこと。
用例　女子高生2人、危うくら致〈読売02・1・7朝〉

**らち外**【埒外・らちがい】
意味　一定の範囲の外。
用例　航空法のらち外〈東京04・9・27朝〉

**らつ腕【辣腕・らつわん】**

意味　物事を厳しく取りさばくことのできる能力。

用例　資金集め、らつ腕に批判も〈朝日02・1・12朝〉

**らん熟【爛熟・らんじゅく】**

意味　果実がすっかり熟しきること。転じて、物事がきわめて成熟した状態に達すること。

用例　らん熟した資本主義の不安〈中国01・1・15朝〉

**らん漫【爛漫・らんまん】**

意味　花が咲き乱れるさま。また、光り輝くさま。

用例　春らん漫大舞台〈読売04・3・28朝〉

## り

**り災【罹災・りさい】**

意味　災害にあうこと。

用例　原爆り災者名簿を公開〈毎日01・7・30地〉

**立しょう【立哨・りっしょう】**

意味　番兵が一定の場所で任務に就くこと。

用例　５００人街頭立しょう〈南日本05・9・25朝〉

**立すい【立錐・りっすい】**

意味　先のとがったきりを立てること。

用例　連休中、立すいの余地もなくなる〈読売05・10・30朝〉

**りつ然【慄然・りつぜん】**

意味　震え、おののくさま。

用例　「静かな時限爆弾」にりつ然〈読売05・8・17夕〉

**りゅう飲【溜飲・りゅういん】**

意味　胸のつかえ。胸焼け。転じて、心中にわだかまる不快感。

用例　応援団がりゅう飲を下げたのは〈毎日02・6・14地〉

**流ちょう【流暢・りゅうちょう】**

意味　言葉がすらすらと出て、よどみのないこと。

用例　韓国語スピーチ流ちょう〈読売05・1・30朝〉

**りょう遠【遼遠・りょうえん】**

意味　はるかに遠いこと。

用例　前途の道筋はりょう遠である〈朝日01・6・15朝〉

**領しゅう【領袖・りょうしゅう】**

意味　集団を率いる指導者。

用例　派閥の領しゅう以外が総裁になる〈産経01・4・12朝〉

**りょう線【稜線・りょうせん】**

意味　山の尾根。

用例　神室山りょう線　霧に浮かぶ〈読売02・10・1朝〉

**りょう乱【繚乱（撩乱）・りょうらん】**

意味　入り乱れること。

用例　百花りょう乱　石山寺でキリシマツツジ〈読売04・4・21朝〉

**りん議【稟議・りんぎ】**

意味　会議を開かず、関係者に回覧して承認を求めること。

用例　誤送信　りん議書、別人にFAX〈朝日02・1・19地〉

**りん酸【燐酸・りんさん】**

意味　燐の酸化物が、水と化合してできる酸の総称。

用例　吸収性の良いりん酸〈琉球01・12・13朝〉

**りん然【凜然・りんぜん】**

意味　寒さが厳しいさま。また、りりしく、きりっとしたさま。

用例　りん然とした立ち振る舞い〈毎日04・3・7地〉

## れ

**霊きゅう【霊柩・れいきゅう】**

意味　遺体を収めたひつぎ。

用例　霊きゅう車に手を合わせ最後のお別れ〈毎日03・12・6朝〉

**霊びょう【霊廟・れいびょう】**

意味　霊を祭った建物。

用例　イランの詩人ハーフェズの霊びょう〈読売02・4・20夕〉

**れい明【黎明・れいめい】**

意味　夜明け。転じて、発生・発達などの初め。

用例　「ハイテク日本」れい明〈読売01・3・7朝〉

**れき殺【轢殺・れきさつ】**

意味　車などで、ひき殺すこと。

用例　組幹部をれき殺、2被告に懲役15年〈毎日04・9・29夕〉

**れき死【轢死・れきし】**

意味　車などにひかれて死ぬこと。

用例　JR北陸線れき死女性〈読売02・10・11朝〉

**れき土【礫土・れきど】**

意味　小石の多く混じっている土。

用例　水はけがいい「れき土壌」が多く〈読売02・5・1朝〉

**裂ぱく【裂帛・れっぱく】**

意味　絹を引き裂くこと。また、その音。転じて、鋭く厳しい音声。

用例　剣道大会　裂ぱくの気合「一本」〈読売04・11・24朝〉

## ろ

**漏えい【漏洩（漏泄）・ろうえい】**

意味　秘密などがもれること。

用例　情報漏えい防止にデータ細分化〈毎日05・11・18地〉

**ろう屋【陋屋・ろうおく】**

意味　狭くて粗末な家。

用例　『ろう屋』のような小屋に2家族〈東京05・4・24朝〉

**老かい【老獪・ろうかい】**

意味　熟練していて、悪賢いこと。

用例　老かい小宮山、若トラ封じ〈朝日01・7・28朝〉

**老く**【老軀・ろうく】

意味　年老いた体。

用例　老くにむち打ち、最後までできるだけ働き〈中国03・12・29朝〉

**ろう獄**【牢獄・ろうごく】

意味　罪人を閉じこめておく所。

用例　ろう獄破り、信仰守る〈読売05・11・12朝〉

**ろう習**【陋習・ろうしゅう】

意味　古くて悪い習慣。

用例　古いろう習を改めるべき〈毎日04・11・22地〉

**ろう城**【籠城・ろうじょう】

意味　敵に囲まれて、城に立てこもること。転じて、閉じこもって外に出ないこと。

用例　模造刀持ち生徒ろう城〈朝日05・10・14地〉

**漏せつ**【漏泄・ろうせつ】

意味　もれ出ること。

用例　有害物の遺棄と漏せつで書類送検〈毎日04・8・4朝〉

**ろう断**【壟断・ろうだん】

意味　独り占めにすること。

用例　都政をろう断したイメージが〈毎日05・6・2朝〉

**ろう絡**【籠絡・ろうらく】

意味　巧みに言いくるめて、思い通りに操ること。

用例　ろう絡する時は、長い腕を広げてダイナミックに跳躍して悪魔的な官能をふりまく〈読売05・2・9夕〉

**ろ過**【濾過・ろか】

意味　液体・気体などをこして、混じっている粒子を取り除くこと。

用例　炭でろ過、すっきり味の日本酒〈読売05・8・19朝〉

**ろく膜**【肋膜・ろくまく】

意味　肺を覆う膜。

用例　ろく膜炎で三年余の療養〈熊本日日04・9・26朝〉

**ろっ骨**【肋骨・ろっこつ】

意味　あばら骨。

用例　死体遺棄　ろっ骨折られる〈読売05・6・17朝〉

**論ばく**【論駁・ろんばく】

意味　相手の誤りを指摘して、反論すること。

用例　「疑いのない前提」を論ばく〈中国01・1・21朝〉

**論ぽう**【論鋒・ろんぽう】

意味　議論のほこ先。また、その勢い。

用例　攻撃の論ぽうも鋭く〈高知04・10・4朝〉

## わ

**わい曲**【歪曲・わいきょく】

意味　故意にゆがめること。

用例 ワクチンの「評価わい曲」〈毎日05・7・7朝〉

**わい雑【猥雑・わいざつ】**

意味 入り乱れていること。また、雑然としていて下品なこと。

用例 わい雑さがエネルギーに転化〈読売01・6・22夕〉

**わい小【矮小・わいしょう】**

意味 小さいこと。規模や考え方などが狭く小さいこと。

用例 再編論議、わい小化懸念〈読売04・8・3朝〉

**賄ろ【賄賂・わいろ】**

意味 不正に便宜を払ってもらうために提供する、金品や食事。

用例 知事８００万円賄ろ受領か〈朝日02・3・3朝〉

**和ぼく【和睦・わぼく】**

意味 争いをやめて、仲直りすること。

用例 国盗り合戦　最終決戦で〝和ぼく〟〈読売02・10・7朝〉

# 付・仮名書き熟語抄録

## あ行

あいさつ【挨拶】儀礼的なことばや動作。また、それをすること。会合や儀式などで述べるあらたまった言葉など。

あいまい【曖昧】物事のはっきりしないさま。また、いかがわしいこと。

あくせく【齷齪】あせって落ち着かないさま。また、休む間もなく動き続けるさま。

あつれき【軋轢】争って不和になること。いざこざ。

あほう【阿呆】愚かなこと。また、その人。

いんぎん【慇懃】丁寧で礼儀正しいこと。また、親しい交わり。

うかつ【迂闊】うっかりしていて不注意なさま。

おえつ【嗚咽】声をおさえて泣くこと。むせび泣き。

## か行

かいぎゃく【諧謔】おもしろみのある、気の利いた言葉。また、たわむれの言葉。冗談。

かいこう【邂逅】思いがけなく出会うこと。めぐり会い。

かいらい【傀儡】あやつり人形。転じて、人にあやつられて、自らの意志・能力を持たない者。

かくしゃく【矍鑠】老人になっても、健康で元気なさま。

かくはん【攪拌】かき混ぜること。

かし【瑕疵】傷。欠点。また、法律上、本来あるべき要件や性質を欠いていること。

かっとう【葛藤】関係が複雑にもつれ合って、いがみ合うこと。また、心がさまざまに絡み合って、乱れ悩むこと。

がれき【瓦礫】瓦と小石。転じて、価値のないもののたとえ。

かんしゃく【癇癪】感情が抑えられず、発作的に怒りを表すこと。また、その発作。また、そうなりやすい性質。

ぎょうこう【僥倖】思いがけない幸運。

**けいれん**【痙攣】筋肉が発作的に収縮して、震え続けること。

**けさ**【袈裟】左肩から右脇下にかけて、衣を覆う僧衣。

**けんか**【喧嘩】言い争いや、暴力などによる争い。

**けんらん**【絢爛】きらびやかで、美しいさま。

**こうかつ**【狡猾】悪賢く、ずるいこと。

**こうこう**【皓々・皎々】白く光り輝くさま。また、空しく広がっているさま。

**こうこう**【煌々】きらきらと、光り輝くさま。

**こうこつ**【恍惚】よい心持ちで、うっとりとなるさま。また、心を奪われて、ぼんやりするさま。

**こうそく**【梗塞】ふさがって通じなくなること。特に動脈がつまって血液が流れなくなること。

**こっけい**【滑稽】おもしろおかしく、笑い出してしまうようなこと。

**こはく**【琥珀】化石になった樹脂。

## さ行

**さっそう**【颯爽】すっきりとしてさわやかなさま。また、りりしくきりりとしているさま。

**さてつ**【蹉跌】つまづいて、行き詰まること。失敗。

**ざんき**【慚愧】反省して、心から恥じること。

**じくじ**【忸怩】反省して、深く恥じ入るさま。

**しし**【孜々】熱心に努力するさま。

**しっこく**【桎梏】自由な行動を束縛するもの。

**しっと**【嫉妬】うらやみ、ねたむこと。また、その気持ち。

**じゅうりん**【蹂躙】踏みにじること。

**しょうけい**【憧憬】あこがれること。また、あこがれ。慣用的に「どうけい」とも読む。

**しょうすい**【憔悴】疲れ、やつれ果てること。

**しょうよう**【逍遥】気ままにのんびりと歩き回ること。散歩。

**しょうよう**【慫慂】しきりに誘って勧めること。また、その勧め。

**じんかい**【塵芥】ちりあくた。ごみ。

**ずさん**【杜撰】詩文などがいい加減に書かれていて、誤りが多いこと。また、いい加減で、手抜きが多いこと。

**せいちゅう**【掣肘】干渉して、自由な行動を妨げること。

**せつな**【刹那】きわめて短い時間。

**そうそう**【錚々】金属や玉が触れあって、鳴り響くさま。また、楽器の音がさえわたって鳴り響くさま。転じて、きわだってすぐれているさま。

**そうろう**【蹌踉】足取りが確かでなく、よろめくさま。

**そご**【齟齬】食い違って、順調に運ばないこと。

**そしゃく**【咀嚼】よくかみ砕くこと。転じて、文章や言葉の意味をよく考えて、理解すること。

## た行

**たいとう**【駘蕩】広くのびのびとしたさま。また、平穏でのどかなさま。

**たんか**【啖呵】喧嘩・口論などの際に、威勢よく放つ歯切れのよい言葉。また、香具師（やし）などが述べ立てる口上。

**たんす**【簞笥】衣類などを収納する家具。

**たんでき**【耽溺】ふけり、おぼれること。多くは、不健全なことについて言う。

**だんな**【旦那・檀那】寺や僧を後援する人。また、奉公人が主人を、商人が客を、妻が夫をなど、呼んで言うことがある。

**ちゅうちょ**【躊躇】迷い続けて決心のつかないこと。

**とうかい**【韜晦】目立たないように包み隠すこと。また、そのような生き方。

**どうこく**【慟哭】大声で激しく泣くこと。

**とうた**【淘汰】水で洗って選び分けること。また、洗い流すこと。転じて、環境に適しないものが滅びていくこと。

**とんざ**【頓挫】勢いが急に弱まること。また、急に行き詰まること。

**どんらん**【貪婪】ひどく欲が深いこと。

## な行

**ねはん**【涅槃】仏教で、すべての煩悩を解脱した悟りの境地。また、死ぬこと。

**ねんざ**【捻挫】手足の関節の周りの靭帯（じんたい）や腱（けん）などを痛めること。また、その損傷。

## は行

**はいかい**【徘徊】当てもなく歩き回ること。

**ばっこ**【跋扈】思うままに勢力を振るうこと。また、のさばり、はびこること。

**はつらつ**【潑溂・潑剌】生き生きとして元気のよいさま。活気にあふれるさま。

**ひいき**【贔屓】気に入ったものを

特別扱いにして、引き立てたり支援したりすること。また、その相手のもの。

**ひすい**【翡翠】光沢のある緑色の石。装飾用の美しい玉として珍重される。

**ひっきょう**【畢竟】最後にたどり着くところは。要するに。結局。

**ひぼう**【誹謗】ひどく非難すること。悪口を言うこと。

**ひょうかん**【剽悍】すばしっこく、荒々しいこと。

**ひょうびょう**【縹渺・縹緲】かすかではっきりしないさま。また、果てしなく広がっているさま。また、深い趣をたたえているさま。

**びらん**【糜爛】皮膚や肉が、くずれただれること。

**びわ**【琵琶】ばちを使って演奏する、しゃもじ型の楽器。

**ひんしゅく**【顰蹙】不快感から、まゆをひそめること。顔をしかめていやがること。

**ふかん**【俯瞰】高所から見下ろし、眺めること。

**ふくいく**【馥郁】よい香りの漂うさま。

**へいげい**【睥睨】横目でにらみつけること。また、周囲をにらみ回して威圧すること。

**へきれき**【霹靂】かみなり。雷鳴。

**べんたつ**【鞭撻】むちで打ってこらしめること。転じて、強く励ますこと。

**ほうこう**【彷徨】あてもなくさまようこと。

**ほうこう**【咆哮】ほえ叫ぶこと。また、その声。

**ぼうこう**【膀胱】尿を一時蓄えておく袋状の臓器。

**ぼうだ**【滂沱】涙がとめどなく流れるさま。

**ほうはい**【澎湃】水が激しい勢いで逆巻き流れるさま。転じて、盛んな勢いで、事の起こるさま。

**ほうふつ**【髣髴・彷彿】よく似ていること。また、ぼんやりとしてはっきりしないさま。

### ま行

**めいてい**【酩酊】ひどく酒に酔ってしまうこと。

**もうまい**【蒙昧】知識や道理に暗く、愚かなこと。

**もうろう**【朦朧】ぼんやりとかすんで、はっきり見えないさま。また、意識や実態がはっきりしないこと。

**もうろく**【耄碌】年老いて心身の働きが鈍くなること。

### や行

**やゆ**【揶揄】冗談や皮肉を言って、

からかうこと。

**ようえん**【妖艶・妖婉】あやしいまでに美しくなまめかしいこと。

## ら行

**りげん**【俚諺】民間で伝えられてきたことわざ。

**りょうが**【凌駕】他のものをしのいで、その上に出ること。

**りんりん**【凜々】寒気の厳しいさま。また、心の引き締まるさま。容姿のりりしいさま。

**りんれつ**【凜冽】寒気の厳しいさま。

**るる**【縷々】こまごまと詳しく話すさま。また、細く長く絶えることなく続くさま。

**れいり**【怜悧】賢いこと。利発。

**れんが**【煉瓦】粘土に砂・石灰などを混ぜ、直方体に焼き上げた建築用材。

**れんびん**【憐憫】あわれみ、同情すること。また、あわれみ。

**ろうぜき**【狼藉】乱雑に散らかっていること。また、乱暴な振る舞い。

**ろうそく**【蠟燭】より糸を芯にし、蠟を円柱状に固めて、火をともして使う照明器具。

**ろうばい**【狼狽】あわてふためくこと。うろたえ騒ぐこと。

## わ行

**わいせつ**【猥褻】性的にいやらしく、みだらなこと。

# 漢字別収録語彙一覧

一、「交ぜ書き語小辞典」の本編・付録に収録した熟語を、仮名書きにされてしまう漢字別に整理しました。

二、漢字の配列は、代表的な音読みの五十音順とし、音読みが同じ場合は総画数順に並べました。

三、ここに掲出した漢字は約六百七十ですが、少なくともこれぐらいは、「常用漢字表」に加えられるべきでしょう。

■あ

阿　阿呆
啞　啞然
挨　挨拶
隘　隘路・狭隘
曖　曖昧
齷　齷齪
軋　軋轢
斡　斡旋
按　按摩

■い

夷　焼夷弾
畏　畏敬
痍　傷痍軍人
彙　語彙
郁　馥郁
溢　横溢
咽　嗚咽
胤　落胤
隕　隕石
慇　慇懃

■う

迂　迂遠・迂回・迂闊
紆　紆余曲折
鬱　陰鬱・鬱血・鬱積・鬱然・鬱憤・憂鬱

■え

曳　曳航
洩　漏洩
裔　後裔・末裔
嬰　嬰児
繹　演繹
怨　怨恨・怨念・私怨
衍　敷衍
冤　冤罪
婉　婉曲・婉然・妖婉
焉　終焉
堰　堰堤
媛　才媛
淵　深淵
厭　厭世
閻　閻魔
艶　濃艶・妖艶

■お

嗚　嗚咽
旺　旺盛
嘔　嘔吐
懊　懊悩
謳　謳歌
鷹　鷹揚

■か

苛　苛酷・苛烈
呵　一気呵成・啖呵
嘩　喧嘩
瑕　瑕疵
牙　牙城
瓦　瓦解・瓦礫・煉瓦
俄　俄然
駕　凌駕
芥　塵芥
乖　乖離
徊　徘徊
晦　晦渋・韜晦
傀　傀儡
喙　容喙
楷　楷書

魁　首魁
獪　老獪
諧　諧謔・俳諧
邂　邂逅
崖　断崖
凱　凱歌・凱旋
蓋　頭蓋骨
愾　敵愾心
骸　遺骸・骸骨・形骸・残骸・死骸
駭　震駭
嚇　威嚇
矍　矍鑠
攪　攪拌・攪乱
愕　愕然・驚愕
刮　刮目
恰　恰幅
葛　葛藤
喀　喀血
猾　狡猾
闊　迂闊・闊達・闊歩
函　投函
姦　姦通
悍　精悍・剽悍
浣　浣腸
倦　倦怠
涵　涵養
煥　才気煥発
箝　箝口令
緘　封緘
撼　震撼
諫　諫言
癇　癇癪
瞰　鳥瞰・俯瞰
艱　艱難
檻　折檻
灌　灌木
玩　愛玩・玩具・玩味
翫　翫味
癌　胃癌・肺癌

■き

几　几帳面
杞　杞憂
屓　贔屓
亀　亀裂
毀　毀損
愧　慚愧
毅　毅然
羈　独立不羈
妓　芸妓
屹　屹立
拮　拮抗
謔　諧謔
仇　仇敵
臼　臼歯・脱臼
灸　針灸
柩　霊柩
厩　厩舎
嗅　嗅覚
渠　暗渠
墟　廃墟
遽　急遽
禦　防禦
夾　夾雑物
俠　義俠心・任俠・遊俠
怯　卑怯
莢　薬莢
竟　畢竟
嬌　愛嬌
驕　驕慢
僥　僥倖
巾　三角巾・頭巾・雑巾・布巾
欣　欣然
僅　僅差・僅少
禽　禽獣
饉　飢饉
懃　慇懃

■く

垢　無垢
軀　老軀
惧　危惧
寓　寄寓・寓居・寓話
窟　巣窟・洞窟
燻　燻製

■け

袈　袈裟
炯　炯眼
痙　痙攣
罫　罫紙
詣　参詣・造詣
稽　稽古・荒唐無稽・滑稽
憬　憧憬
頸　頸動脈
倪　端倪
睨　睥睨
隙　間隙・空隙
檄　檄文
訣　秘訣
拳　拳銃
虔　敬虔
牽　牽引・牽制
絢　絢爛
喧　喧嘩・喧騒・喧伝
捲　捲土重来・席捲
鍵　鍵盤
譴　譴責
諺　俚諺

■こ

姑　姑息
扈　跋扈
琥　琥珀
辜　無辜
糊　糊塗
蠱　蠱惑的
伍　落伍
醐　醍醐味
齬　齟齬
勾　勾配

昂　昂然
恍　恍惚
狡　狡猾
倖　僥倖
哮　咆哮
胱　膀胱
逅　邂逅
梗　梗塞
皎　皎々
腔　満腔
徨　彷徨
皓　皓々
煌　煌々
膏　膏薬・石膏
慷　慷慨
敲　推敲
膠　膠着
嚆　嚆矢
劫　永劫
毫　揮毫・寸毫
傲　傲岸・傲然・傲慢

轟　轟音・轟沈
哭　慟哭
梏　桎梏
鵠　正鵠
忽　忽然・粗忽
惚　恍惚
昏　昏睡・昏倒
梱　梱包
痕　血痕・弾痕・墨痕
棍　棍棒
渾　渾身・渾然・雄渾

■さ

些　些細・些事・些末
裟　袈裟
瑣　瑣細・瑣事・瑣末・煩瑣
磋　切磋琢磨
蹉　蹉跌

挫　挫折・頓挫・捻挫
采　喝采・采配・風采
猜　猜疑心
塞　梗塞・閉塞・要塞
賽　賽銭
炸　炸裂
拶　挨拶
颯　颯爽
餐　午餐・晩餐
燦　燦然
纂　編纂
鑽　研鑽
斬　斬殺・斬新
慚　慚愧
竄　改竄
讒　讒言

■し

弛　弛緩

孜　孜々
祀　祭祀
屎　屎尿
恣　恣意
疵　瑕疵
揣　揣摩憶測
嗜　嗜好品
滓　残滓
幟　旗幟
摯　真摯
熾　熾烈
怩　忸怩
峙　対峙
餌　好餌
爾　爾来
忸　忸怩
桎　桎梏
嫉　嫉妬
叱　叱責
洒　洒脱
娑　娑婆
奢　豪奢

瀉　一瀉千里
灼　灼熱
嚼　咀嚼
癪　癇癪
鑠　矍鑠
惹　惹起
呪　呪文
袖　領袖
羞　含羞・羞恥
酬　応酬
繡　刺繡
蹴　一蹴
讐　恩讐・復讐
蹂　蹂躙
蹙　顰蹙
恤　賞恤金
峻　急峻・峻拒・峻別
悛　改悛
逡　逡巡
竣　竣工
駿　駿馬

蠢　蠢動
薯　甘薯
嶼　島嶼
曙　曙光
藷　甘藷
哨　哨戒・前哨戦・立哨
悄　悄然
捷　敏捷
梢　末梢
逍　逍遥
翔　飛翔
樟　樟脳
憧　憧憬
慫　慫慂
憔　憔悴
醬　醬油
擾　騒擾
饒　饒舌
拭　払拭
燭　燭光・蠟燭
瀆　瀆罪

呻 呻吟
疹 湿疹・風疹・発疹
斟 斟酌
刃 刃傷
靭 強靭・靭帯
腎 腎臓
塵 塵芥・戦塵
燼 灰燼

■す

須 必須
笥 箪笥
彗 彗星
悴 憔悴
翠 翡翠
膵 膵臓
錐 円錐・立錐
邃 幽邃
芻 反芻
趨 帰趨・趨勢

■せ

穽 陥穽
棲 隠棲・同棲
掣 掣肘
醒 覚醒
脆 脆弱
贅 贅沢・贅肉
脊 脊髄
戚 姻戚・親戚
晰 明晰
碩 碩学
藉 狼藉
蹠 対蹠的
齪 齷齪
刹 古刹・刹那
泄 排泄・漏泄・漏泄
截 直截
褻 猥褻
栓 消火栓
閃 閃光
剪 剪定
煎 煎茶
羨 羨望
詮 所詮
僭 僭越
箋 処方箋・便箋
撰 杜撰
賤 卑賤
擅 独擅場
餞 餞別
殲 殲滅
喘 喘息
膳 配膳

■そ

狙 狙撃
咀 咀嚼
俎 俎上
楚 四面楚歌・清楚
遡 遡及・遡上
蘇 蘇生
齟 齟齬
凄 凄惨
爽 颯爽・爽快
蒼 古色蒼然・蒼白
漕 競漕・漕艇
綜 錯綜
聡 聡明
瘡 痘瘡
踪 失踪
錚 錚々
蹌 蹌踉
仄 仄聞・平仄
捉 捕捉
遜 謙遜・遜色・不遜

■た

汰 淘汰
兌 兌換
沱 滂沱
拿 拿捕
唾 唾液・唾棄
楕 楕円
殆 危殆
堆 堆積・堆肥
腿 大腿
駘 駘蕩
戴 推戴・戴冠式
醍 醍醐味
托 托鉢
琢 切磋琢磨
鐸 木鐸
撻 鞭撻
旦 元旦・旦那
坦 虚心坦懐・平坦
耽 耽溺・耽読・耽美
站 兵站
蛋 蛋白質
啖 健啖・啖呵
綻 破綻
箪 箪笥
憚 忌憚
憺 惨憺
澹 暗澹・惨澹
檀 檀家・檀那

■ち

緻 巧緻・精緻・緻密
蟄 蟄居
肘 掣肘
酎 焼酎
厨 厨房
稠 稠密
鍮 真鍮
疇 範疇
躊 躊躇
猪 猪突猛進
躇 躊躇
佻 軽佻浮薄
凋 凋落
牒 通牒

暢　流暢
嘲　自嘲・嘲笑
諜　諜報・防諜
寵　恩寵・寵愛・寵児
捗　進捗
闖　闖入

■て

酊　酩酊
挺　空挺・挺身
逞　不逞
鼎　鼎談・鼎立
諦　諦観・要諦
蹄　蹄鉄・馬蹄
擢　抜擢
擲　投擲
覿　覿面
溺　耽溺・溺愛・溺死
跌　蹉跌
恬　恬淡
塡　充塡・装塡・補塡
顚　顚末

■と

吐　吐瀉
杜　杜撰
妬　嫉妬
堵　安堵
逗　逗留
套　外套・常套手段
疼　疼痛
淘　淘汰
掉　掉尾
董　骨董
蕩　駘蕩・蕩尽・放蕩・遊蕩
撓　不撓不屈
濤　怒濤・波濤
藤　葛藤
禱　祈禱・黙禱
韜　韜晦
恫　恫喝
慟　慟哭
瞳　瞳孔
獰　獰猛
瀆　冒瀆
訥　訥弁
沌　混沌
遁　隠遁・遁走
頓　整頓・停頓・頓挫・無頓着
呑　併呑
貪　貪欲・貪婪
緞　緞帳

■な

那　刹那・旦那（檀那）
捺　押捺・捺印

■ね

濘　泥濘
捏　捏造
涅　涅槃
捻　捻挫・捻出・捻転

■の

膿　化膿
囊　土囊

■は

把　把握
琶　琵琶
頗　偏頗
播　伝播
罵　痛罵・罵声・罵倒・面罵
沛　沛然
胚　胚芽
徘　徘徊
湃　澎湃
憊　疲労困憊
狽　狼狽
煤　煤煙
黴　黴菌
帛　裂帛
珀　琥珀
剝　剝製・剝奪・剝落・剝離
箔　金箔
魄　落魄
莫　莫大・落莫
寞　寂寞
駁　反駁・論駁
瀑　瀑布
曝　曝書・被曝
驀　驀進
潑　潑溂（潑剌）
跋　跋扈
魃　干魃
氾　氾濫
拌　攪拌
斑　斑点
槃　涅槃
攀　登攀
挽　推挽・挽歌・挽回
輓　推輓

■ひ

庇　庇護
砒　砒素
匪　匪賊
裨　裨益
翡　翡翠
鄙　辺鄙
誹　誹謗
贔　贔屓
眉　焦眉・白眉
琵　琵琶
糜　糜爛
靡　風靡
瀰　瀰漫
畢　畢竟・畢生
逼　逼迫

謐　静謐
闢　開闢
謬　誤謬
豹　豹変
剽　剽悍・剽窃
標　標榜
憑　信憑性
縹　縹渺（縹緲）
飄　飄逸・飄然
渺　縹渺
廟　霊廟
緲　縹緲
錨　投錨
嬪　別嬪
瀕　瀕死
顰　顰蹙
紊　紊乱
憫　不憫・憐憫

■ふ

俘　俘虜
訃　訃報
俯　俯瞰
埠　埠頭
腑　肺腑
孵　孵化
誣　誣告
撫　愛撫
憮　憮然
輻　輻射
馥　馥郁
佛　彷佛
髴　髣髴
吻　接吻
扮　扮装
糞　人糞・馬糞・糞尿

■へ

睥　睥睨
聘　招聘
蔽　隠蔽・遮蔽
辟　辟易
僻　僻遠・僻地
劈　劈頭
璧　完璧・双璧
霹　霹靂
蔑　軽蔑・侮蔑・蔑視
瞥　瞥見
扁　扁平
娩　分娩
鞭　教鞭・先鞭・鞭撻

■ほ

哺　哺乳
呆　阿呆
彷　彷徨・彷佛
咆　咆哮
烹　割烹
萌　萌芽
幫　幫助
蜂　蜂起
鋒　舌鋒・先鋒・論鋒
髣　髣髴
澎　澎湃
芒　光芒
茫　茫然・茫漠・茫洋
滂　滂沱
貌　外貌・全貌・美貌・風貌・変貌・容貌
膀　膀胱
謗　誹謗
睦　親睦・和睦
勃　勃起・勃興・勃発

■ま

昧　曖昧・愚昧・蒙昧
邁　英邁・高邁・邁進
沫　泡沫
蔓　蔓延
幔　幔幕
瞞　欺瞞
懣　欺懣・憤懣

■み

蜜　蜜月

■め

冥　冥利・冥土・冥福
酩　酩酊
瞑　瞑想・瞑目

■も

耄　耄碌
蒙　啓蒙・蒙昧
朦　朦朧
沐　沐浴
悶　苦悶・煩悶・悶死・悶絶・悶着

■や

冶　陶冶
揶　揶揄
扼　切歯扼腕・扼殺

■ゆ

喩　比喩
揄　揶揄
癒　癒着
湧　湧出

■よ

夭　夭折
妖　面妖・妖艶（妖婉）・妖怪・妖気・妖精
拗　執拗・拗音
痒　痛痒
遥　逍遥
慂　慫慂

沃　肥沃

■ら

拉　拉致
螺　螺旋
磊　磊落
儡　傀儡
烙　烙印
剌　潑剌
埒　不埒・放埒・埒外
溂　潑溂
辣　悪辣・辛辣・辣腕
婪　貪婪
爛　絢爛・天真爛漫・糜爛・爛熟・爛漫
籃　揺籃
欒　団欒

■り

俚　俚諺
悧　怜悧
罹　罹災
戮　殺戮
慄　戦慄・慄然
溜　溜飲
榴　手榴弾
瘤　動脈瘤
侶　僧侶・伴侶
凌　凌駕
梁　橋梁・跳梁・棟梁
聊　無聊
稜　稜線
寥　寂寥
遼　遼遠
撩　撩乱
瞭　一目瞭然・明瞭
繚　繚乱
稟　稟議
綸　経綸
醂　味醂
凜　凜然・凜々・凜冽
燐　燐酸
躙　蹂躙
鱗　逆鱗・片鱗

■る

縷　一縷・縷々

■れ

怜　怜悧
黎　黎明
瀝　披瀝
礫　瓦礫・砂礫・礫土
轢　軋轢・轢殺・轢死
靂　霹靂
冽　清冽・凜冽
煉　煉瓦
憐　憐憫
斂　収斂
攣　痙攣

■ろ

賂　賄賂
濾　濾過
弄　愚弄・翻弄
牢　堅牢・牢獄
陋　固陋・陋屋・陋習
狼　狼藉・狼狽
踉　蹌踉
壟　壟断
朧　朦朧
蠟　蠟燭
籠　印籠・参籠・灯籠・尾籠・籠城・籠絡
肋　肋膜・肋骨
禄　貫禄
碌　耄碌
麓　山麓

■わ

歪　歪曲
隈　界隈
猥　卑猥・猥雑・猥褻
矮　矮小
碗　茶碗

# あとがき

本書の稿を終えるに当たって、現時点での日本語表現の最前線における「交ぜ書き語」の実状について、もう一度確かめてみたくなりました。そこで手にしたのが、二〇〇五（平成十七）年十二月二十八日付の新聞の朝刊二紙でした。

A紙には「牽制」、B紙には「拉致」の語が、それぞれに読み仮名も付けずに使われており、A紙にはまた、「橋梁《きょうりょう》」「標榜《ひょうぼう》」の二語がルビ付きで現れていました。いうまでもなく「牽」「拉」「梁」「榜」の四字は、つい最近までは、二字熟語の中ではその一字だけが仮名書きされていた表外漢字です。

B紙にも、「牽制《けんせい》」「橋梁《きょうりょう》」はルビ付きで登場しており、さらに同紙には、そのほかにも、「拮抗《きっこう》」「蔓延《まんえん》」「椅子《いす》」「微塵《みじん》」「牙城《がじょう》」「凄惨《せいさん》」などが、「交ぜ書き語」ならぬ「ルビ付き漢語」として使われておりました。その上に、従来はすべて仮名書きされていた「挨拶《あいさつ》」「揶揄《やゆ》」という、二字ともに表外漢字による熟語まで、ルビ付きで使用されているではありませんか。

以上のこの二紙に見る限り、すでに「交ぜ書き語」は消滅し、本書における指摘などは、遅きに失して、すでに無意味なものとなったかに見えました。ところが、そのＢ紙には、実はまだ「ねつ造」「改ざん」という、れっきとした「交ぜ書き語」が厳然として、それも大きな見出し語として、鎮座ましましていたのです。「捏」と「竄」との二字はやはりまだ、このような良識ある有力紙においてすら、見出し語という制約もあってか、なお「交ぜ書き語」の怪を脱していなかったのです。

しかし、この二語以外に見たＡＢ両紙の上述のような扱いは、大いに評価できますし、これらの二紙などをリーダーとするマスコミの世界でも、「交ぜ書き語」漸減、漢字尊重の風潮は、今ようやく確実な流れとなりつつあります。その上に、このささやかな一書が、その肩を押す最後のひと押しとなり得たならばと、切望する次第です。

特に本書の後半に集録した、合計八百に近い「交ぜ書き語」と「仮名書き熟語」とは、多くの人々の座右に常置され、時には携行されて、記述の際に役立てていただけるのではないでしょうか。

最後に、本書の成るに当たって、『大漢和辞典』を始め、漢字文化振興に多大の貢献をし続ける大修館書店と、同編集一部の円満字二郎氏とに、深甚なる敬意と謝意とを表します。特に円満字氏には、同氏なくして本書は成立しなかったと称しても過言ではない、適切な助言と協力とをいただきました。

それでもなおかつ、遺《い》漏《ろう》多きは免れ難いことと観念しつつ、多くの方々の御一読・御批正を願うばかりです。

二〇〇五（平成十七）年師走末日

田部井　文雄

[著者略歴]

**田部井　文雄**（たべい　ふみお）

1929（昭和４）年，群馬県生まれ。東京教育大学卒業。同大学院修了。元千葉大学教授。専攻は，漢文学。若いころより，『大漢和辞典』を始めとする漢和辞典や，高校国語教科書の編纂にたずさわる一方で，『唐詩三百首詳解』（大修館書店），『中国自然詩の系譜』（大修館書店），『研究資料・漢文学』全11巻（監修，明治書院），『陶淵明集全釈』（共著，明治書院），『大修館四字熟語辞典』（編，大修館書店）などの編著書がある。

「完璧《かんぺき》」はなぜ「完《かん》ぺき」と書《か》くのか
——これでいいのか？　交《ま》ぜ書《が》き語《ご》



NDC811 160p 19cm

---

初版第１刷——2006年２月10日

著者——田《た》部《べ》井《い》文《ふみ》雄《お》
発行者——鈴木一行
発行所——株式会社大修館書店
〒101-8466　東京都千代田区神田錦町3-24
電話03-3295-6231（販売部）03-3294-2352（編集部）
振替00190-7-40504
[出版情報] http://www.taishukan.co.jp

---

装丁者——下川雅敏
印刷所——広研印刷
製本所——難波製本

---

ISBN4-469-22179-1　　Printed in Japan